AF366264

DESCRIPTION

DES

ANTIQUITÉS ÉGYPTIENNES.

La *Vente publique* de cette Collection aura lieu le lundi 18 décembre 183-
et jours suivants, de midi à 4 heures, rue d'Aguesseau-Saint-Honoré, n° 22.

L'*Exposition* sera publique aux mêmes heures, les vendredi 15, samedi 16
et dimanche 17 du même mois.

Les *Adjudications* seront faites par M. Bresfuhres, commissaire-priseur,
successeur de MM. Moreau et Lacoste, rue des Petits-Champs, n° 73.

PARIS.—IMPRIMERIE DE C.-L.-F. PANCKOUCKE,
Rue des Poitevins, n. 14.

DESCRIPTION

DES

ANTIQUITÉS ÉGYPTIENNES

GRECQUES ET ROMAINES

MONUMENTS COPHTES

ET ARABES

Composant la Collection

DE FEU M. J.-F. MIMAUT,

CONSUL GÉNÉRAL DE FRANCE EN ÉGYPTE ET DÉPENDANCES,
OFFICIER DE LA LÉGION D'HONNEUR,
CHEVALIER DE L'ORDRE IMPÉRIAL DE LA COURONNE DE FER,
ET COMMANDEUR DE L'ORDRE GREC DU SAUVEUR;

PAR

J.-J. DUBOIS,

Sous-Conservateur des Antiques du Musée royal du Louvre,
Chef de la section d'Archéologie dans l'expédition scientifique en Morée.

PARIS

LIBRAIRIE DE C.-L.-F. PANCKOUCKE

OFFICIER DE L'ORDRE ROYAL DE LA LÉGION D'HONNEUR

RUE DES POITEVINS, 14.

1837.

NOTICE

SUR LA VIE ET LES OUVRAGES

DE

FEU M. J.-F. MIMAUT.

Olim nam quærere amabam
Quo vafer ille pedes lavisset Sisyphus ære :
Quid scalptum infabre, quid fusum durius esset
Callidus huic signo ponebam millia centum.

(HORAT., *Serm.*, lib. II, sat. 3, v. 20.)

M. MIMAUT (Jean-François), consul général de France en Égypte, officier de la Légion d'Honneur, chevalier de l'ordre impérial de la Couronne de Fer, et commandeur de l'ordre grec du Sauveur, naquit en 1774, à Méru, département de l'Oise. Son père, médecin distingué, le plaça de bonne heure au collége de Beauvais; mais les rapides progrès de son fils le décidèrent bientôt à l'envoyer terminer ses études à Paris. M. Mimaut entra au collége des Grassins, et y soutint, par de nouveaux succès, la brillante réputation qu'il y avait apportée. C'est de cette époque, sans doute, qu'il faut dater ce goût prononcé pour les belles productions de l'antiquité, et cette prédilection pour les formes châtiées des auteurs classiques, qu'il a toujours conservés pendant le cours de sa vie,

et qui semblent empreints, comme un souvenir
de jeunesse, dans tous les ouvrages qu'il a publiés.
Son nom devint bientôt célèbre dans les fastes uni-
versitaires ; en 1793, il obtint le prix d'honneur à la
distribution du concours général, et ce triomphe de
collége décida du choix de sa carrière. M. Rivaud,
député à la Convention, qui présidait à cette so-
lennité, ayant été nommé, quelques années après,
ambassadeur de France près la république Cisalpine, se souvint du jeune lauréat qui l'avait vivement intéressé, et l'emmena avec lui en qualité de
secrétaire particulier.— M. Mimaut arriva à Milan
en 1799, le jour même où les revers des Français
sur le Mincio et sur l'Adda en rendaient l'évacua-
tion indispensable. L'ambassadeur de France, le
Directoire exécutif et les principaux fonction-
naires de la république Cisalpine se retirèrent devant les armées combinées d'Autriche et de Rus-
sie, d'abord sur Turin, et de là sur Chambéry, que
le gouvernement français leur assigna pour rési-
dence. Dans cette retraite, M. Mimaut eut pour
compagnon de voyage M. Bignon, qui, secrétaire
d'ambassade, débutait alors dans la carrière di-
plomatique, qu'il a depuis si brillamment parcourue, et, dès ce jour, commença entre eux une
amitié à laquelle la mort seule a pu mettre un
terme.

La colonie fugitive de Milan retirée en France,
se composait d'hommes en général très-distingués,
tels que MM. de Marescalchi, Luosi, Compagnoni,
et les poëtes Monti et Pindemonte. Un séjour de

plusieurs mois au milieu de ces illustres proscrits, établit entre M. Mimaut et eux des rapports d'autant plus durables, qu'ils avaient pris naissance dans les jours de l'infortune. Par suite de cette liaison, lorsque plus tard la victoire de Marengo et la consulte de Lyon, en donnant une forme nouvelle à la république Cisalpine, qui devint bientôt après royaume d'Italie, firent appeler à Paris M. de Marescalchi, comme ministre des relations extérieures de ce nouvel État, M. Mimaut fut nommé secrétaire général de son ministère, et devint, en cette qualité, son principal coopérateur, jouissant, avec raison, de sa plus entière confiance. Ainsi s'écoula pour lui toute l'époque brillante du gouvernement impérial, jusqu'au jour où l'invasion étrangère vint renverser à la fois l'empire français et le royaume d'Italie, et, avec ces États, toutes les positions individuelles de gloire et de fortune attachées à leur existence.

Les services rendus au royaume d'Italie devant être considérés comme des services rendus à la France, M. de Talleyrand, alors ministre des affaires étrangères, et qui d'ailleurs appréciait le mérite et les qualités qui distinguaient M. Mimaut, le nomma, en 1814, consul de France à Cagliari en Sardaigne. Ce fut pendant le séjour de plusieurs années qu'il fit dans cette île, encore si peu connue malgré sa proximité du continent, que M. Mimaut rassembla les précieux documents qui lui ont servi, quelques années plus tard, à écrire son *Histoire de la Sardaigne ancienne et moderne,* ouvrage qui conservera une place honorable dans toutes les bibliothèques, non-seulement pour son utilité intrinsèque, mais encore comme un modèle de bonne direction dans les recherches historiques et de travail consciencieux.

M. Mimaut fut nommé successivement consul à Carthagène (Espagne), le 10 décembre 1817; consul à Venise, le 19 juillet 1826; consul gérant le consulat général de France à Alexandrie d'Égypte, le 5 janvier 1829; et enfin consul général au même poste d'Alexandrie, le 7 octobre 1830.

Les années qu'il passa sur la terre d'Afrique, qui devaient être les dernières de sa vie, en furent aussi les plus brillantes. La loyauté, la noblesse et la dignité de son caractère, enfin les agré-ments de son esprit, auxquels il était difficile de rester insensible, avaient captivé la confiance en-tière du prince remarquable qui gouverne l'É-gypte, et l'on peut assurer que ce n'est pas moins au mérite distingué de son représentant qu'au sentiment de sa puissance, que la France a dû la haute influence qu'elle a exercée dans les con-seils de Méhémet-Ali, depuis la révolution de juil-let 1830, et principalement dans les négociations qui ont suivi la conquête de la Syrie. On se sou-viendra long-temps en Orient de ce jour mémo-rable où, après la victoire de Koniah, l'armée égyptienne, campée sur la rive gauche du Bos-phore, pouvait apercevoir déjà de l'autre côté du détroit les riches minarets de Constantinople. Encore quelques jours, peut-être, et l'empire ottoman avait changé de maître ; mais, par l'organe de son représentant, la France fit entendre ces graves paroles : *Non ibis ampliùs,* et le torrent s'arrêta.

M. Mimaut fit preuve du plus grand courage et du dévouement le plus complet à une époque de crise terrible pour l'Égypte, lorsque la peste et le choléra vinrent fondre à la fois sur cette terre malheureuse. La crainte, le danger de la contagion qui, sous ce ciel brûlant est bien autrement rapide que dans nos climats, ne pouvaient arrêter M. Mimaut. Partout où il y avait péril à courir, souffrance à alléger, on le voyait paraître. Tous nos compatriotes atteints par le fléau ont été soulagés par lui, et ceux que la maladie avait épargnés, électrisés par l'exemple du consul général, ont fait bénir le nom français au milieu des cris de détresse de cette population décimée.

Personne n'apporta dans ses rapports avec les hommes, soit dans la vie ordinaire, soit à raison des hautes fonctions dont il était investi, un cœur plus noble et plus généreux (¹), une bonté plus bienveillante, un plus total désintéressement. Dans sa carrière politique, il semblait n'avoir ambitionné les postes importants qui lui furent successivement confiés, que pour étendre sur un plus grand nombre le bonheur que ses vertus répan-

---

(1) Parmi les voyageurs qui ont conservé le souvenir de l'accueil distingué que M. Mimaut leur fit en Égypte, nous citerons particulièrement Champollion, qui a exprimé sa gratitude et celle de ses compagnons dans l'une des lettres qu'il adressait à sa famille. (Voyez *Lettres écrites d'Égypte,* p. 402.)

daient autour de lui. Combien de nos compatriotes ont trouvé, en abordant en Égypte, grâce
à M. Mimaut, une nouvelle patrie, un état assuré,
un avenir d'espérance et de bonheur!

Dans les courts loisirs que lui laissaient ses travaux diplomatiques, M. Mimaut trouva, sur le sol
égyptien, un vaste champ pour se livrer à son
amour pour les arts(1), et à l'étude des monuments
de l'antiquité, qui, depuis sa liaison avec le célèbre Champollion, était devenue chez lui une
véritable passion. On sait que par son crédit auprès de Méhémet-Ali, il eut une grande part à
la cession que ce prince fit à la France de l'obélisque désigné par Champollion, et qui maintenant
décore la place de la Concorde. Son influence et sa
connaissance des localités ne contribuèrent pas peu
à assurer l'heureux succès de l'expédition envoyée
de Toulon pour enlever ce monolithe. Sa lettre au
vice-roi d'Égypte, pour lui demander la conservation de ces Pyramides(2) qui ont vu, sans s'ébran-
ler, quarante siècles passer sur leurs têtes, et qui
méritent, à juste prix, la vénération des Français
plus encore que celle de tous les autres peuples
civilisés, puisqu'elles sont chargées désormais de
redire aux siècles à venir l'un de nos plus brillants
faits d'armes; cette lettre, dis-je, restera comme
un monument de beaux sentiments, noblement

(1) Déjà, pendant son séjour en Italie, M. Mimaut avait rassemblé une
collection fort curieuse de tableaux, dont la notice sera prochainement publiée.

(2) Cette lettre est imprimée à la suite de la présente Notice.

exprimés, et surtout comme un exemple de l'heureuse influence que peut exercer une politique éclairée, même sur les objets qui paraissent lui être les plus étrangers, lorsque les intérêts d'un grand peuple sont remis en des mains habiles.

Dès les premiers temps de son séjour en Égypte, l'attention de M. Mimaut se trouva portée, par des soins de cette nature, vers le goût de ses études favorites. C'est alors qu'il commença cette riche collection d'antiquités, qui est devenue d'autant plus précieuse, qu'une récente ordonnance de Méhémet-Ali empêchera désormais l'exportation de tous les objets de cette nature. La position de M. Mimaut, ses voyages dans la Haute-Égypte, où il accompagnait le vice-roi, son goût éclairé, les soins et les dépenses qu'il n'avait point épargnés pendant huit années de séjour sur le sol africain, ce concours enfin de circonstances favorables aux explorations auxquelles il se livrait, avaient depuis quelque temps éveillé l'attention des savants et des amateurs sur l'heureux résultat de ses recherches, et M. Mimaut, qui avait voulu présider lui-même à tous les détails du transport de sa collection depuis Alexandrie jusqu'à Paris, s'apprêtait à la mettre en ordre, lorsque la mort est venue le surprendre au milieu de ce projet, dont l'exécution eût été à la fois pour lui un délassement studieux et une jouissance d'amour-propre.

Cette tâche a depuis été heureusement remplie par M. Dubois ; c'est à ses soins éclairés qu'est due la description qui va suivre, et qui présente,

dans un ordre lucide et méthodique, les monuments de genre variés que renferme cette collection.

M. Mimaut n'a pas été seulement un fonction-
naire éclairé et utile, un amateur d'un goût sûr et
d'un savoir très-étendu, il a été de plus un homme
de lettres distingué, un homme du monde spiri-
tuel et du plus agréable commerce. Bien que son
temps ait presque toujours été employé à des travaux sérieux, il a fait représenter à la comédie
française, en 1825, un ouvrage en trois actes et
en vers (1), qui, pour le fond du sujet, la verve
et la correction du style, a mérité d'être com-
paré aux meilleures scènes de la *Métromanie*.

Après quelques jours d'une maladie dont le cli-
mat brûlant de l'Égypte avait très-probablement
développé chez lui les premiers germes, M. Mimaut
est mort le 31 janvier de cette année. Il a été frappé
du coup qui devait être mortel, aux Tuileries,
le jour même qu'il avait si impatiemment attendu,
où, admis auprès du Roi, il allait être appelé à lui
rendre compte de ses travaux pendant les huit
années qu'il venait de passer en Égypte. Heureusement il s'est éteint sans avoir eu le sentiment
de son danger, et sans prévoir les regrets cui-

____

(1) Cet ouvrage a pour titre *l'Auteur malgré lui*. M. Mimaut est également auteur d'une jolie comédie en vers ayant pour titre *les Épouseurs*, ou
la Maison des fous : d'une très-bonne Notice sur les îles de Malte et du Goze;
d'un Mémoire sur la nature des maladies endémiques à Carthagène, et de
plusieurs opuscules sur des sujets variés. Il se préparait à mettre en ordre les
matériaux d'une importante publication sur l'Égypte, lorsque la mort est
venue le frapper.

sants qu'il allait si tôt laisser à sa fille qu'il adorait, et qu'à peine il avait eu le temps d'embrasser après une si longue absence; à son fils, dont il s'honorait, et qui occupe déjà une place distinguée dans la carrière parcourue d'une manière si brillante par son père.

———

Lettre adressée au Vice-Roi d'Égypte, par **M. Mimaut**, *Consul général de France, pour lui demander la conservation des Pyramides de Gizéh.*

A Son Altesse Méhémet-Ali Pacha.

On a conseillé à Votre Altesse de faire démolir une des trois grandes Pyramides de Gizéh, pour en employer les pierres à la construction des barrages du Nil.

Votre Altesse a envoyé des commissaires pour vérifier si ce projet était exécutable.

Je connais trop la justesse de son esprit, pour ne pas attribuer l'envoi de cette commission à la seule habitude qu'elle a de ne laisser passer aucune proposition sérieuse sans l'examiner; mais, pour être plus sûr que le monde éclairé n'aura point à craindre une fatale décision, je lui demande la permission de lui faire connaître, avec franchise, l'impression produite sur l'esprit des Européens, par la simple annonce d'un semblable dessein.

En d'autres occasions plus importantes, j'ai fait entendre

à Votre Altesse le langage de la vérité ; elle daignera me le permettre encore aujourd'hui.

Vous vous êtes fait un nom glorieux par vos travaux et par les grandes choses que vous avez entreprises ; vous vous êtes annoncé au monde civilisé comme créateur et comme fondateur : c'est à ce titre que, malgré vos ennemis, vous y avez excité de la sympathie, et que vous vous êtes fait un grand nombre de partisans. Le déplorable conseil qu'on donne à Votre Altesse lui ferait perdre une partie de ces avantages. Je dois l'avertir sans détour que cet acte de barbarie soulèverait contre elle l'opinion publique, qui, comme je le lui ai dit souvent, est, dans nos pays éclairés, une grande puissance.

Les Pyramides sont regardées, en Europe, comme les plus vénérables monuments de l'ancienne race humaine. Elles étaient, dans l'antiquité, une des sept merveilles du monde, et de ces merveilles du vieil âge, c'est la seule qui reste encore debout. Dans l'histoire et parmi tous les monuments anciens, les Pyramides sont ceux qui frappent le plus vivement l'imagination et les yeux, qui remuent le plus de grands souvenirs; ils sont intéressants pour tous les peuples, mais surtout pour les Français depuis ces immortelles paroles de Napoléon, avant la bataille qui porte leur nom : *Soldats, songez que du haut de ces Pyramides, quarante siècles vous contemplent!*

Plus d'une fois l'ignorance et la cupidité ont dicté à des princes crédules ou barbares la pensée de détruire les grandes Pyramides : la seule tentative qu'ils en ont faite a suffi pour flétrir leur mémoire.

Un de ceux qui furent séduits par le malheureux espoir de trouver des trésors dans les Pyramides, fut le khalife *Abdallah Mamoun.* Il ouvrit avec beaucoup de peine et de dépenses la plus grande des trois : il n'y trouva rien, et il fut raillé de ses contemporains.

Le savant voyageur arabe Abdallathif dit, dans sa *Rela-*

tion de l'Égypte, que le sultan *Melikelaziz Othman* se laissa persuader par quelques personnes de sa cour, gens dépourvus de bon sens, de démolir les grandes Pyramides. Il envoya, pour exécuter cette folle commission, des sapeurs, des mineurs et des carriers, sous la conduite des premiers émirs de sa cour, qui ramassèrent de tous côtés un grand nombre de travailleurs. Après huit mois d'efforts inouïs, de violences de toute espèce, et de frais énormes, les démolisseurs furent contraints, dit Abdallathif, de renoncer honteusement à leur entreprise, sans en retirer d'autre avantage que de faire d'inutiles dégâts à la plus petite des trois, et de mettre dans une entière évidence leur faiblesse et leur impuissance.

On y ferait sans doute aujourd'hui de plus larges brèches avec des moyens plus savants; mais l'indignation de l'Europe serait en proportion du succès même de la destruction. L'auteur d'un pareil attentat serait, de nos jours, plus sévèrement jugé, que dans le siècle d'ignorance brutale où vivaient le khalife Mamoun et le sultan Melikelaziz.

Les grandes Pyramides sont un dépôt que l'ancien monde a laissé sur le sol de l'Égypte. Les maîtres du pays doivent, en se succédant, le transmettre intact à la postérité après les courts moments de leur passage sur la terre.

Pendant quarante siècles elles bravèrent les hommes et le temps : ce sont ces mêmes Pyramides qui ont vu, depuis les Pharaons jusqu'à Mourad-Bey, le vent du désert soulever autour d'elles la poussière de plus de trente dynasties de rois, de dix empires divers et d'un nombre considérable de générations.

Non, ce n'est point Méhémet-Ali qui, dans une vie de création et de progrès, portera la main sur des monuments moins utiles, il est vrai, que les canaux qu'il a creusés, que les chemins de fer et que le barrage du Nil, mais qui sont consacrés dans la mémoire des hommes.

Une autre fois, déjà, il a suffi de signaler à Votre Altesse un attentat du même genre, pour qu'elle s'empressât d'épargner cette honte à son pays. Au mépris des ordres que nous avions obtenus d'elle, mon illustre ami Champollion et moi, pour la conservation du peu qui reste encore des monuments de l'ancienne Égypte (1), des agents ignorants voulaient employer, à je ne sais qu'elle bâtisse, les matériaux du grand temple de Dendérah, et ils avaient commencé l'œuvre de destruction par le pylône qui les précède et qui porte encore les traces de leurs efforts. Je me rendis auprès de Votre Altesse à la citadelle du Caire : l'expression de sa volonté fit à l'instant suspendre ces coupables travaux, et le temple de Dendérah fut sauvé.

Je laisse à d'autres le soin de prouver qu'il serait beaucoup moins dispendieux de tirer des pierres de ces vastes carrières, d'où les Pyramides elles-mêmes sont sorties, que de tenter une démolition incomplète et inutile; Votre Altesse entend trop bien ses intérêts politiques et financiers, pour risquer de déplaire à l'Europe par une action blâmable, qui serait, de plus, un mauvais calcul.

C'est donc à elle-même, et à elle seule, que j'en appelle au nom de la France et de l'Europe, en la suppliant de repousser les projets de ceux qu'Abdallathif appelait des gens *dépourvus de bons sens.*

---

(1) La note adressée par Champollion à éhémet-Ali contient la liste des monuments récemment détruits, et l'indication de ceux qui subsistent encore. Ce document précieux, où respire toute la passion que notre célèbre compatriote ressentait pour l'Égypte, est inséré dans le recueil de ses *Lettres* (p. 454-461).

L'Europe savante appréciera sans doute le zèle déployé en faveur de ces nobles débris par deux hommes si bien faits pour sentir leur importance, et si heureusement survenus pour empêcher leur destruction.

(J.-J. D.)

DESCRIPTION

DES

ANTIQUITÉS

COMPOSANT LA COLLECTION

DE FEU M. J.-F. MIMAUT.

··· ···

MONUMENTS ÉGYPTIENS.

1. Bronze. — Deux figurines représentant le dieu Dɪom (l'Hercule Égyptien), l'une des formes de *Knèph-Démiurge*.

Divinités.

Haut. moyenne, 27 lig.

2. Terre et schiste émaillés. — Trente-six figurines du même dieu.

Haut. moyenne, 1 pouce.

3. Terre émaillée. — Deux amulettes de forme ronde : sur l'une de leurs faces est représenté le masque de Dɪom, au revers d'un œil humain.

Haut. moyenne, 16 lig.

4. Figurine en bronze. — Le dieu Dɪom debout sur une fleur de lotus.

Haut., 3 pouces 6 lig.

5. Figurine en terre émaillée. — Le même dieu debout et tenant un disque.

Haut., 2 pouces 5 lig.

6. Bronze. — Forme de *Naos*, dont l'entablement

orné de deux globes ailés, est surmonté d'une rangée d'*uræus* vus de face

Au centre de ce petit édifice, dont les parois extérieures sont décorées de formes symboliques, est placée une figurine d'AMON-RA, *roi des dieux*, assis sur un trône, et la tête coiffée d'un bonnet de forme aplatie, surmonté de deux plumes accolées.

Sous la base de cette espèce de sanctuaire, on lit, en caractères hiéroglyphiques, l'inscription suivante : *Demeure d'Amon* (1).

Haut., 5 pouces.

7. Figurine en bronze. — AMON-RA, debout, vêtu du *schenti*, et la tête couverte d'un bonnet surmonté de deux plumes incrustées en lapis-lazuli.

Quelques parties de cette figure sont dorées.

Haut., 11 pouces 3 lig.

8. Terre émaillée. — Six figurines représentant AMON-RA, debout.

Haut. moyenne, 16 lig.

9. Terre émaillée. — Partie supérieure d'une figurine de la déesse MOUTH (la Mère Divine), la chevelure couverte par six *uræus*, et la tête surmontée du *pschent*.

Haut., 2 pouces 2 lig.

10. Terre émaillée. — Vingt figurines représentant le dieu CHNOUPHIS (Jupiter-Ammon).

Haut. moyenne, 18 lig.

11. Figurine en bronze. — HARSAPHRÈS (Amon-Générateur), debout.

Haut., 5 pouces.

12 Terre émaillée. — Cinq figurines du même dieu.

Haut. moyenne, 18 lig.

(1) M. le comte de Clarac possède un petit monument à peu près semblable à celui qui vient d'être décrit.

13. Bronze. — Deux figurines du dieu HAROËRI, la tête surmontée de l'ornement mystique qui lui est particulier.

Ce dieu porte assez fréquemment le titre de premier né d'AMON.

Haut. moyenne, 3 pouces 9 lig.

14. Bronze. — Trois figurines d'HAROËRI-HARPO-CRATE, coiffées comme les précédentes, et portant l'index de la main droite à leur bouche.

Haut. moyenne, 3 pouces 9 lig

15. Plaque en or découpée et gravée. — La déesse BOUTO, assise et la tête couverte de la partie inférieure du *pschent*.

Haut., 14 lig.

16. Lapis-lazuli. — Treize figurines représentant cette déesse debout.

Haut. moyenne, 15 lig.

17. Bronze et terre émaillée. — Neuf figurines du dieu KHONS *androcéphale* (le dieu Lunus).

Haut. moyenne, 18 lig.

18. Terre émaillée. — Trente-six figurines de PHTHA *Patæque*, enfant. Ce dieu, qui était le Vulcain des Égyptiens, est ici représenté sous la forme d'un nain ou pygmée.

Haut. moyenne, 2 pouces.

19. Scarabée en jaspe noir, monté en bague d'or. — Sur sa partie plate est gravé le dieu PHTHA, adulte et debout.

Haut., 6 lig.

20. Serpentine. — Fragment d'une statuette tenant un *Naos* qui renferme l'image de PHTHA.

Haut., 2 pouces 2 lig.

21. Bronze et terre émaillée. — Quatorze figurines

de **Pitha**, debout et appuyé sur le sceptre à tête de *coucoupha*.

Haut. moyenne, 2 pouces 6 lig.

22. **Bas-relief en calcaire.** — **Onouris** (le Mars égyptien), debout, vu de face et brandissant un glaive.

Haut., 15 pouces 6 lig.

23. **Figurine en terre cuite.** — Le même dieu agitant un glaive, et le bras gauche chargé d'un bouclier.

Haut., 9 pouces 2 lig.

24. **Statuette en terre émaillée.** — La déesse **Mé-réphtha** *léontocéphale*, épouse de **Pitha**.

Haut., 4 pouces 9 lig.

25. **Bas-relief en terre émaillée.** — **Méréphtha** debout, placée à la droite de son fils **Nofréthmou**. Derrière ces figures sont gravées deux légendes hiéro-glyphiques.

Haut., 1 pouce 11 lig.

26. **Terre émaillée.** — Une figurine de la déesse **Pasch** *léontocéphale*.

Haut., 2 pouces 9 lig.

27. **Granit noir.** — Statue d'une déesse *léontocé-phale* assise, les mains posées sur ses genoux, et tenant de l'une d'elles l'emblème de la vie divine.

Haut., 4 pieds 11 pouces 6 lig.

28. **Granit noir.** — Statue semblable à celle qui vient d'être décrite. Cette statue est rompue en deux morceaux.

Haut., 4 pieds 11 pouces 6 lig.

29. **Granit noir.** — Tête de lionne, qui faisait partie d'une statue semblable aux précédentes.

Haut., 11 pouces 6 lig.

30. *Terre émaillée.* — Trois figurines de déesses Divinités.
léontocéphales uréophores, tenant chacune au devant
d'elles un œil humain.

Haut. moyenne, 2 pouces 8 lig.

31. *Bronze, pierre et terre émaillée.* — Quatorze
léontocéphales sans insignes.

Haut. moyenne, 2 pouces.

32. *Bronze et terre émaillée.* — Sept figurines de
léontocéphales dont les têtes sont surmontées de
disques.

Haut. moyenne, 10 lig.

33. *Electrum.* — Égide surmontée d'une tête de
léontocéphale chargée d'un disque.

Haut., 9 lig.

34. *Argent.* — Une Égide semblable à la précédente.

Haut., 10 lig.

35. *Bronze et terre émaillée.* — Trois Égides pareilles à celles qui viennent d'être décrites.

Haut. moyenne, 2 pouces.

36. *Or massif.* — Figurine d'HATHOR *boucéphale,*
la tête chargée d'un disque à cornes et de deux plumes.
Cette déesse, plus fréquemment représentée sous la
figure humaine, était la Vénus des Égyptiens.

Haut., 9 lig.

37. *Bronzes.* — Deux formes de suspensoirs de colliers, ornés l'un et l'autre de têtes d'HATHOR, et au
dessous par des gravures au trait, où figure la vache
symbolique de cette divinité.

Haut. moyenne, 9 pouces 3 lig.

38. *Émail rouge.* — Deux petits bas-reliefs représentant d'une manière semblable la vache symbolique
d'HATHOR, couchée et la tête ornée d'un disque et de
deux plumes.

Haut., 1 pouce.

39. Bronze. — Un manche de sistre décoré d'une double face d'HATHOR.

Haut., 5 pouces 8 lig.

40. Bronze. — Figurine du premier THOTH, *hiéracocéphale* (l'ancien Hermès). Cette figure tenait un vase aujourd'hui détruit.

Haut., 22 lig.

41. Or massif. — Figurine représentant le dieu PHRÉ (le soleil) debout.

Haut., 10 lig.

42. Bronze et terre émaillée. — Dix figurines de PHRÉ.

Haut. moyenne, 18 lig.

43. Terre émaillée. — Bas-relief représentant PHRÉ et trois autres dieux, partagés en deux groupes et tenant les sceptres des Panégyries.

Haut., 14 lig.

44. Terre émaillée. — Trois figurines du dieu HOBS *léontocéphale*, et portant un mitre à plumes.

Haut. moyenne, 20 lig.

45. Figurine en bronze. — THOTH *ibiocéphale* debout. Ce dieu était considéré comme l'instituteur de la religion, des lois, et des sciences de l'Égypte.

Haut., 23 lig.

46. Lapis-lazuli. — Quatorze figurines du même dieu, également debout.

Haut. moyenne, 1 pouce.

47. Terre émaillée. — Trente-sept autres figurines du même dieu.

Haut. moyenne, 2 pouces.

48. Terre émaillée. — Trois figurines représentant OOH-THOTH (ou THOTH identifié avec la lune).

Haut. moyenne, 15 lig.

49. Lapis-lazuli. — Huit figurines de la déesse Divinités Tmëi (la Vérité), assise et la tête ornée d'une plume.
Haut. moyenne, 1 pouce.

50. Figurine en terre émaillée. — Le dieu Mouï, à demi agenouillé et la tête surmontée d'une plume.
Haut., 14 lig.

51. Lapis-lazuli. — Dix figurines de la déesse Selk, la tête chargée d'un scorpion.
Haut. moyenne, 15 lig.

52. Terre émaillée. — Figurine de la déesse Oph, sous la forme d'un hippopotame dressé et portant sur la tête l'attribut à plumes d'Hathor.
Haut., 2 pouces 7 lig.

53. Figurine en bronze. — Osiris (Bacchus) debout; derrière lui est placée Isis *ptérophore*. En regard du même dieu se voit une très-petite figure accroupie.
Haut., 3 pouces 11 lig.

54. Figurine en bronze. — Osiris debout; à sa droite est assis un chat.
Haut., 4 pouces 2 lig.

55. Serpentine. — Deux figurines d'Osiris assis.
Haut. moyenne, 4 pouces.

56. Serpentine et schiste émaillé. — Deux figurines d'Osiris debout; derrière l'une d'elles est gravée une inscription hiéroglyphique.
Haut., 1 pouce 9 lig.

57. Bronze. — Soixante-sept figurines d'Osiris debout.
Haut. moyenne, 4 pouces.

58. Bois doré. — Une figurine d'Osiris debout, et dont les yeux sont en émail.
Haut., 6 pouces 4 lig.

59. **Bois peint.** — Deux figurines d'Osiris assis. L'intérieur de ces figures contenaient des objets embaumés, qui maintenant sont détruits.

Haut. moyenne, 4 pouces.

60. **Terre émaillée.** — Figurine d'Osiris-Sarapis, présidant à l'inondation du Nil, et la tête remplacée par les corniches du Nilomètre.

Haut., 1 pouce 9 lig.

61. **Bois peint et doré.** — Figurine d'Isis assise, nourrissant le jeune Horus.

Haut., 9 pouces 6 lig.

62. **Bronze.** — Dix figurines représentant Isis allaitant Horus.

Haut. moyenne, 4 pouces.

63. **Granit rose.** —Fragment supérieur d'un groupe qui représentait Isis donnant le sein au jeune Horus.

Haut., 20 pouces.

64. **Spath vert.** — Figurine d'Isis agenouillée, et les mains posées sur ses genoux.

Haut., 3 pouces 2 lig.

65. **Bronze.** — Une Égide soutenue par deux bras humains, et dont le haut est décoré d'une tête d'Isis. Aux deux côtés de cette tête, et au dessus d'un riche collier, s'avancent les parties antérieures des deux éperviers.

Haut., 9 pouces 3 lig.

66. **Bronze.** — Manche d'égide à tête d'Isis. Sur le haut est gravé un beau *naos*, au milieu duquel est figurée Isis allaitant Horus.

Sur le champ inférieur, également bien gravé, se voit un épervier debout au centre de tiges de papyrus.

Haut., 7 pouces 3 lig.

67. Bronze et lapis-lazuli. — Dix-huit figurines de divinités. NEPHTHYS, sœur d'OSIRIS et d'ISIS.

Haut., 3 pouces.

68. Serpentine. — Cippe orné d'un haut-relief représentant HORUS au dessous d'un masque de DJOM *démiurge*, et tenant dans ses mains les lions, l'oryx et les serpents, emblèmes de TYPHON.

Haut., 3 pouces 7 lig.

69. Figurine en bronze. — HORUS *androcéphale* debout et coiffé du *pschent*.

Haut., 10 lig.

70. Terre émaillée. — Vingt-quatre amulettes ornées de hauts-reliefs représentant HORUS donnant les mains à ISIS et à NEPHTHYS.

Haut. moyenne, 1 pouce.

71. Bronze. — Trois figurines d'HORUS à demi assis, et les mains à plat près de ses genoux.

Haut. moyenne, 4 pouces.

72. Lapis-lazuli. — Figurine d'HORUS *hiéracocéphale* et debout.

Haut., 8 lig.

73. Lapis-lazuli et terre émaillée. — Dix figurines d'HORUS *hiéracocéphale* debout.

Haut. moyenne, 9 lig.

74. Lapis-lazuli, spath vert, stéatite et terre émaillée. — Neuf figurines d'HORUS *hiéracocéphale*.

Haut. moyenne, 2 pouces.

75. Figurine en bronze. — HORUS-HARPOCRATE, la tête coiffée du *pschent*, et portant l'index de la main droite à sa bouche.

Haut., 4 pouces.

76. Terre émaillée. — Deux figurines du même dieu.

Haut. moyenne, 8 lig.

77. Terre émaillée. — Dix-huit figurines représentant Harsiési (Apollon) *hiéracocéphale* et la tête couverte du *pschent*.

Haut. moyenne, 16 lig.

78. Figurine en bronze. — La déesse Bubastis, vêtue de long, tenant de la main droite un sistre, soutenant contre son épaule gauche l'image de Nofréthmoï, et portant en outre un panier suspendu au bras et une égide à la main.

Haut., 3 pouces 1 lig.

79. Figurine en bronze. — Bubastis debout, vêtue de long, et tenant une égide.

Haut., 3 pouces 5 lig.

80. Terre émaillée. — Seize figurines d'Anubis, fils d'Osiris et de Nephthys. Ce dieu *lycocéphale* assistait au jugement des âmes, et présidait aux embaumements.

Haut. moyenne, 18 lig.

81. Bas-relief en émail jaune. — Anubis debout, touchant la momie d'Osiris, couchée sur un lit en forme de lion.

Haut., 14 lig.

82. Hématite. — Quarante-quatre figurines représentant Omt (le Cerbère égyptien), sous la forme d'un hippopotame dressé sur ses jambes d'arrière.

Haut. moyenne, 2 pouces 3 lig.

83. Boîte de forme carrée, en bois. — Sur chacune de ses faces est dessinée au trait la figure de l'un des génies de l'*Amenti* (l'Enfer égyptien).

Ces quatre génies sont : Amsèt, *androcéphale* ; Hapi, *cynocéphale* ; Soumautf, *lycocéphale* ; et Kebhniv, *hiéracocéphale*.

Haut., 10 pouces 10 lig.

84. Terre émaillée. — Quinze amulettes représen- tant les mêmes divinités.

Haut., 35 lig.

85. Feuille d'or repoussée. — Kebhniv debout.

Haut., 20 lig.

86. Cire. — Quatre figurines des mêmes divinités.

Haut. moyenne, 3 pouces 2 lig.

87. Serpentine brûlée. — Bas-relief de forme rectangulaire, représentant un dieu assis sur un trône, la tête couverte de la partie inférieure du *pschent*, et tenant à la main le sceptre à tête de *coucoupha*.

Haut., 7 pouces 8 lig.

88. Terre émaillée. — Trois figurines d'éperviers à têtes humaines, surmontées d'un disque, forme symbolique de l'âme divine.

Haut. moyenne, 1 pouce.

89. Amulette en or. — La forme symbolique de l'âme humaine. Plusieurs parties de cet objet étaient émaillées.

Haut., 10 lig.

90. Amulette en or émaillé. — La forme symbolique de l'âme humaine déployant ses ailes.

Haut., 11 lig.

91. Feuille d'or repoussée. — La même forme, vue de face.

Haut., 6 lig.

92. Lapis-lazuli et terre émaillée. — Deux figurines représentant le même objet.

Haut. moyenne, 9 lig.

93. Bois peint. — Cinq figurines, même sujet.

Haut moyenne, 3 pouces 6 lig.

Animaux
sacrés
et
Formes
symboliques.

94. Calcaire. — Statue représentant un sphinx couché. Cette forme composée exprimait l'Intelligence et la Sagesse, et devenait l'attribut de chacune des divinités dont elle prenait la coiffure symbolique.

Long.. 1 pieds 3 pouces 6 lig.

95. Statue en tuf. — Un sphinx couché.

Long.. 2 pieds.

96. Calcaire. — Statue de sphinx détournant la tête.

Long.. 12 pouces.

97. Figurines en terre émaillée, lapis et bronze. — Dix-huit éperviers. Cet oiseau était considéré comme un signe symbolique de l'idée *Dieu* en général.

Haut. moyenne. 15 lig.

98. Bronze et terre émaillée. — Six amulettes représentant la vipère *Uræus*, dont la figure orne toujours la coiffure mystique des dieux et des rois.

Haut. moyenne. 18 lig.

99. Argent massif. — Forme de vase symbolique, dont le couvercle représente une tête humaine. Ce symbole des dieux KNÈPH et CHNOUBIS appartient à l'époque de la domination grecque ou romaine en Égypte, et recevait le nom de *Canope*, mal appliqué depuis aux vases funéraires portant les têtes des génies de l'*Amenti*.

Haut.. 15 lig.

100. Serpentine. — Objet semblable au précédent, et décoré comme lui d'un pectoral et de figures mystiques.

Haut., 4 pouces.

101. Terre émaillée. — Le SERPENT LÉONTOCÉPHALE, né, suivant la doctrine orphique, de l'eau primordiale.

Haut., 2 pouces.

102. **Spath gris.** — *L'uræus* à tête humaine.

Haut., 19 lig.

103. **Matières diverses.** — Vingt-six amulettes re-présentant la partie antérieure d'un serpent. L'une d'elles est montée en or.

Long. moyenne, 8 lig.

104. **Bronze.** — Deux serpents enlacés, emblème d'Agathodémon ou le bon Génie.

Long., 2 pouces.

105. **Matières diverses.** — Trente-trois grenouilles, emblème de la matière première, humide et informe.

Haut. moyenne, 4 lig.

106. **Figurines en bronze et terre émaillée.** — Huit béliers, emblème vivant d'Amon-Ra, de Chnouphis et de Neith.

Long. moyenne, 15 lig.

107. **Figurines en serpentine.** — Deux vautours, emblème de la maternité.

Haut. moyenne, 1 pouce.

108. **Figurines en bronze.** — Sept poissons *Latus*, emblème du Nil supérieur.

Long. moyenne, 3 pouces.

109. **Figurine en calcaire.** — Le poisson *Latus*.

Long., 4 pouces 4 lig.

110. **Amulettes en terre émaillée.** — Quatre pois-sons dont le revers est orné d'hiéroglyphes.

Long. moyenne, 8 lig.

111. **Lapis-lazuli.** — Sept scarabées gravés et non gravés. Le scarabée était l'emblème primitif de Phtha.

Long. moyenne, 7 lig.

112. **Améthyste.** — Un scarabée gravé.

Long., 3 lig.

113. Cornaline. — Deux scarabées gravés.

Long. moyenne, 7 lig.

114. Jaspe vert. — Un scarabée et une autre amulette gravés.

Long. moyenne, 7 lig.

115. Stéatite. — Dix scarabées gravés.

Long. moyenne, 15 lig.

116. Verre. — Trois scarabées, dont deux sont gravés.

Long. moyenne, 16 lig.

117. Terre cuite. — Quatre scarabées gravés.

Long. moyenne, 9 lig.

118. Terre et schiste émaillés. — Trois cent quarante-un scarabées gravés.

Long. moyenne, 7 lig.

119. Lapis-lazuli. — Six scarabées sans gravure.

Long. moyenne, 6 lig.

120. Améthyste. — Quatre scarabées sans gravure.

Long. moyenne, 9 lig.

121. Lapis et terre émaillée. — Cinq scarabées sertis en or.

Long. moyenne, 5 lig.

122. Spath vert. — Dix scarabées sans gravure.

Long. moyenne, 9 lig.

123. Cornaline, hématite, jaspes divers. — Trente-un scarabées sans gravure.

Long. moyenne, 1 pouce.

124. Jaspes divers, serpentine, etc. — Quatre-vingt-un scarabées sans gravure.

Long. moyenne, 2 pouces.

125. Lapis-lazuli, cornaline, spath vert, terre émaillée. — Soixante-seize scarabées sans bases.

Long. moyenne, 8 lig.

126. Lapis-lazuli. — Quatre scarabées à têtes d'épervier.

Long. moyenne, 6 lig.

127. Émail tacheté de rouge et blanc. — Un scarabée à bélière et sans gravure.

Long., 21 lig.

128. Calcaire. — Statue représentant un lion couché. Cet animal était l'emblème d'HAROËRIS.

Long., 18 pouces.

129. Terre émaillée. — Douze figurines représentant des lions couchés.

Long. moyenne, 15 lig.

130. Bronze. — Deux éperviers du dieu PHRÉ.

Haut. moyenne, 11 lig.

131. Terre émaillée. — Un hérisson, animal consacré à PHRÉ. Sous sa base est gravée une légende hiéroglyphique.

Long., 1 pouce.

132. Figurine en serpentine. — Le bœuf APIS debout. Sur son dos sont gravés deux vautours et un scarabée.

Haut., 4 pouces.

133. Bronze et terre émaillée. — Treize figurines représentant des taureaux sacrés.

Hauteur moyenne, 2 pouces.

134. Amulette en terre émaillée. — Les parties antérieures des taureaux MNÉVIS et APIS, réunies en sens contraire.

Haut., 7 lig.

135. Trois amulettes en terre émaillée. — Les parties antérieures d'un lion et d'un taureau, unies en sens inverse.

Long. moyenne, 1 pouce.

136. **Terre émaillée.** — Deux amulettes représentant les parties antérieures de deux lions, réunies dans un sens opposé.

Long. moyenne, 9 lig.

137. **Figurines en bronze.** — Trois ibis debout : l'un d'eux a des yeux d'émail sertis en or. L'ibis était l'emblème de THOTH.

Haut. moyenne, 4 pouces.

138. **Serpentine, schiste et terre émaillée.** — Trois cynocéphales, emblème du dieu LUNE.

Haut. moyenne, 9 lig.

139. **Terre émaillée.** — Deux cynocéphales debout.

Haut. moyenne, 15 lig.

140. **Bronze, serpentine, stéatite et terre émaillée.** — Sept cynocéphales.

Haut. moyenne, 15 lig.

141. **Terre émaillée.** — Quatre cynocéphales.

Haut., 13 lig.

142. **Amulettes en serpentine et terre émaillée.** — Sept crocodiles, emblème du dieu SÉVEK (le Saturne égyptien).

Long. moyenne, 10 lig.

143. **Figurines en bronze.** — Dix chattes assises. Cet animal était l'emblème de la déesse BUBASTIS.

Haut. moyenne, 3 pouces.

144. **Amulettes en terre émaillée.** — Six chattes assises.

Haut. moyenne, 1 pouce.

145. **Figurine en bronze.** — Une chatte assise, portant un pectoral suspendu au cou.

Haut., 3 pouces 10 lig.

146. **Figurine en bronze.** — Une chatte couchée, allaitant trois petits.

Long., 2 pouces 9 lig.

147. **Amulettes en terre émaillée. — Neuf chats assis.**

Haut. moyenne, 9 lig.

148. **Bronze. — Une tête de chat.**

Haut., 2 pouces 3 liz.

149. **Lapis-lazuli. — Huit amulettes représentant l'œil humain, l'un des emblèmes d'Osiris.**

Long. moyenne, 10 lig.

150. **Cornaline. — Vingt amulettes semblables aux précédentes.**

Long. moyenne, 10 lig.

151. **Hématite. — Dix-huit autres amulettes de même forme.**

Long. moyenne, 10 lig.

152. **Spath vert. — Quatorze autres amulettes de même forme.**

Long. moyenne, 10 lig.

153. **Terre émaillée. — Cent quatorze amulettes pareilles aux précédentes.**

Long. moyenne, 1 pouce.

154. **Matières diverses. — Quatre-vingt-douze amulettes représentant également l'œil humain.**

Long. moyenne, 1 pouce.

155. **Terre émaillée. — Espèce de pectoral orné d'un œil humain.**

Haut., 5 pouces.

156. **Amulette en terre émaillée. — Le lièvre de Nubie, l'un des emblèmes d'Osiris.**

Long., 11 lig.

157. **Amulettes en lapis-lazuli. — Vingt-deux nilomètres, emblèmes de Phtha et d'Osiris.**

Haut. moyenne, 1 pouce.

158. **Cornaline. — Douze nilomètres.**

Haut., 10 lig.

Animaux
sacrés
et
Formes
symboliques.

3

159. Terre émaillée. — Cent dix nilomètres.

Haut. moyenne, 16 lig.

160. Lapis-lazuli, cornaline, basalte, etc. — Quarante-six amulettes représentant des coiffures mystiques.

Haut. moyenne, 18 lig.

161. Basalte vert. — Forme du vase HÉRI. Sur l'une de ses faces est gravé un scarabée : le revers est chargé d'une légende composée de sept lignes d'hiéroglyphes.

Haut., 2 pouces 6 lig.

162. Spath vert. — Amulette représentant le vase HÉRI. Sur l'une de ses faces est gravé un vanneau.

Haut., 22 lig.

163. Matières diverses. — Soixante-douze amulettes offrant la forme du vase HÉRI.

Haut. moyenne, 1 pouce.

164. Lapis-lazuli, spath, terre émaillée, etc. — Trente-six amulettes en forme de colonnes.

Haut. moyenne, 15 lig.

165. Hématite. — Sept amulettes, forme d'équerre et de niveau.

Haut., 9 lig.

166. Matières diverses. — Quatre scarabées et un œil gravés, montés en bagues d'or.

Haut. moyenne, 8 lig.

167. Cornaline et émail rouge. — Treize figurines représentant des veaux dont les pattes sont attachées.

Long. moyenne, 14 lig.

168. Terre émaillée. — Cinq amulettes représentant des truies.

Long. moyenne, 8 lig.

169. Serpentine. — Amulette de forme cylindrique, ornée d'une légende hiéroglyphique.

Haut., 7 lig.

170. Calcaire d'un grain fin.   Table d'ABYDOS.

Ce monument célèbre, dont le haut est détruit, formait originairement un tableau chronologique des souverains de l'Égypte, commençant à une époque qui nous est inconnue, et s'arrêtant au règne de Rhamsès III (Sésostris), sous lequel il doit avoir été exécuté (1).

A l'époque de sa découverte par M. Bankes, en 1818, ce tableau ne présentait déjà plus que les trois lignes de cartouches (2) qu'il renferme encore aujourd'hui. Les deux premières de ces lignes sont incomplètes dans leur partie droite, qui était celle de leur commencement (3). Celle du bas, dont il eût été très-important de bien constater la largeur exacte, varie dans chacune des copies qui en ont été publiées par MM. Bankes, Cailliaud et Burton. Les dessins des deux premiers voyageurs contenant moins de cartouches que n'en présente le monument, nous supposerons, faute de renseignements plus certains, que le nombre de vingt-six assigné à la dernière ligne par M. Burton peut être complet, et c'est d'après cette hypothèse, et en tenant compte de ceux qui sont détruits, qu'a été établi le numérotage que nous avons adopté.

Dans l'état actuel de nos connaissances, il serait encore peu utile de s'occuper des quinze prénoms, plus ou moins mutilés, formant aujourd'hui le reste de la ligne supérieure. On doit vivement désirer que de nouvelles découvertes donnent un jour les moyens de reconnaître les noms propres et la filiation de ces vieux rois sur lesquels l'antiquité écrite n'a laissé que des renseignements très-obscurs et assez contradictoires entre eux. Notre illustre Champollion a pourtant établi (4) que

(1) Vers le XVIᵉ siècle avant l'ère de J.-C.

(2) La première et la seconde consistent seulement en prénoms.

(3) Les inscriptions égyptiennes étaient indifféremment tracées de droite à gauche, de gauche à droite, ou de haut en bas. Beaucoup de monuments présentent à la fois ces trois manières de les disposer.

(4) *Lettres à M. le duc de Blacas*, I et II. — *Lettres écrites d'Égypte.*

ces cartouches, ainsi que les huit premiers, aujour-
d'hui détruits, qui commençaient la ligne médiale, formaient l'ensemble des xv⁰ et xvi⁰ dynasties, et l'heureuse explication que le même savant a donnée des
légendes suivantes, paraît devoir confirmer pleinement
cette opinion.

Dans l'incertitude où nous sommes de la destinée
future de ce monument et des dangers que de nouvelles
translations peuvent lui faire courir, nous avons pensé
qu'il serait assez utile de constater ici son degré de
conservation, et de comparer chacun de ses cartouches
avec les copies qu'en ont données les voyageurs que
nous avons déjà cités (1). Cet examen, auquel nous nous
sommes livrés avec toute l'attention et l'impartialité
désirables, suppléera, autant que possible, à un nou-
veau dessin que nous nous proposions de joindre à
cette notice, et que d'autres travaux nous ont forcé
d'ajourner à un temps plus éloigné.

Ligne supérieure.

N° XII. — Base de cartouche, indiquée par MM. Bankes et Burton. — Omise par M. Cailliaud.

XIII. — Base d'un cartouche dessiné par MM. Bankes, Cailliaud et Burton.

XIV. Aujourd'hui réduit à la moitié du signe inférieur.
La *hache* vue par M. Bankes n'existait déjà plus
quand MM. Cailliaud et Burton l'ont dessiné.

XV. Ne conserve plus que le signe inférieur et une partie de celui qui le précède. Le *mur crénelé* vu par
MM. Bankes et Cailliaud était déjà détruit en partie
lorsque M. Burton a fait son dessin.

XVI. A perdu le *disque* qui se voit dans M. Bankes, et
se trouve dans l'état où l'ont dessiné MM. Cailliaud
et Burton. — Ce cartouche, qui est aussi l'une des
variétés du prénom de Sabacon (2), est gravé sur un
chevet d'ivoire et sur un vase d'albâtre apportés

(1) La copie de M. Bankes, faite en 1818, n'a été publiée par M. Salt
qu'en 1825. Celle de M. Cailliaud, qui parut la première, fut dessinée en 1822.
Enfin M. Burton ne fit paraître la sienne qu'en 1825.

(2) M. Wilkinson, *Topography of Thebes*, pl. II, dyn. 27, n°ˢ 3, 4

d'Égypte par Champollion, et déposés par lui au Musée royal du Louvre. Monuments royaux.

N° XVII. A perdu la moitié de son troisième signe (les bras élevés), que MM. Bankes et Cailliaud ont vu entier. M. Burton a mal indiqué la fracture de ce même hiéroglyphe.

XVIII. — Le disque mal placé par M. Bankes, qui en outre fait croiser les jambes à la figure du bas. — Exact dans M. Cailliaud, et restauré à tort de ses trois signes supérieurs dans M. Burton.

XIX. — A perdu *le disque* et *les bras élevés* depuis MM. Bankes et Cailliaud. — M. Burton a trop fracturé le premier signe, qui conserve encore son manche. — La *jambe humaine*, qui est fléchie sur l'original, n'est point dans son mouvement dans MM. Cailliaud et Burton. — Quant à ce signe, au *poulet* et à *la main étendue*, ils sont tout-à-fait méconnaissables dans M. Bankes, dont la copie est généralement très-négligée sous le rapport du dessin.

XX. — M. Bankes a entièrement dénaturé l'épervier, dont M. Cailliaud a fait une espèce d'hirondelle. — M. Burton, qui a mieux copié la forme de cet oiseau, l'a, mal à propos, regardé comme détruit en entier. Ce signe n'a perdu que sa partie supérieure.

XXI. — Inexact dans M. Bankes, qui a remplacé la *ligne recourbée* par une *plume*. — Dans son état actuel chez M. Cailliaud. — Restitué du haut, et sans nécessité, par M. Burton.

XXII. — Complet dans MM. Bankes et Cailliaud. — N'a perdu depuis qu'une partie du *disque*. — Ce disque et le signe *de l'eau* restitués, à tort, par M. Burton, qui avance la fracture jusqu'au sommet du dernier signe.

XXIII. — Complet chez M. Bankes, qui a cependant tout à fait méconnu *le lion couché* du bas. — Déjà fracturé de la gauche dans M. Cailliaud. — Plus détruit que l'original dans M. Burton.

XXIV. — Oublié par M. Cailliaud. — Ne conserve plus que la base des deux signes vus par MM. Bankes et Burton.

XXV. — Contenait neuf signes lorsqu'il fut dessiné par M. Bankes. — Déjà réduit aux deux derniers dans MM. Cailliaud et Burton.

XXVI. — Rempli par sept signes chez M. Bankes. — Réduit à deux chez M. Cailliaud. — Déjà détruit en entier dans M. Burton.

En conservant toujours Champollion pour guide, on croit pouvoir affirmer que les six premiers prénoms

existant à la droite de la ligne médiale sont ceux des
rois composant la xviie dynastie contemporaine des
Pasteurs qui conquirent et ravagèrent l'Égypte à une
époque que les chronologistes ont reculée au delà du
xxe siècle avant l'ère vulgaire.

Ces six princes sont :

Ligne médiale.

N° IX.   **AMÉNEMDJOM.**

Complet dans MM. Bankes et Burton. — Le second signe
mal rendu par M. Cailliaud. — Aujourd'hui mutilé.

X.   **INCONNU.**

Exact dans les trois copies.

XI.   **OSORTASEN Ier.**

Une Stèle découverte à Ouadi-Halfa, et pré-
sentement conservée au musée de Florence, at-
teste les victoires remportées par ce prince sur
les peuples de la Nubie.

Exact dans les trois copies.

XII.   **INCONNU.**

Exact dans les trois copies.

XIII.   **INCONNU.**

MM. Bankes et Burton ont mal copié le signe qui précède le *poulet*. Ce signe n'est peut-être point le *téorbe*,
mais bien une espèce de demi-pique renversée, comme
on le voit sur d'autres inscriptions (1). — M. Cailliaud
nous paraît avoir le mieux imité cette forme.

XIV.   **AMOSIS Ier (ou Misphratouthmosis).**

Combat les Pasteurs et les refoule dans l'en-
ceinte d'Avaris, lieu situé sur l'extrême frontière
de l'Égypte, du côté de l'Arabie (2).

Déjà fracturé du bas à l'époque de M. Bankes. — La
tête de lion, assez mal rendue par MM. Cailliaud et
Burton, est tout à fait méconnaissable dans M. Bankes.

(1) Ce signe est quelquefois couché, mais très souvent debout.
(2) Les Égyptiens lui donnaient le nom de *Cité de Typhon*.

A la suite de ces princes exilés dans quelques parties Monuments royaux.
éloignées de l'Égypte supérieure, mais qui ne cessèrent
jamais de combattre pour l'indépendance du pays,
commence cette XVIIIe dynastie qui acheva l'expulsion
des Barbares, releva avec magnificence les monuments
renversés par eux, et porta au centre de l'Afrique,
dans l'Inde et dans la Scythie, la terreur et la gloire
de ses armes. Cette suite, qui s'arrête au roi sous lequel notre tableau fut composé, offre une succession
non interrompue de douze souverains, classés dans
l'ordre suivant :

N° XV. — **Aménophis Ier** (Aménoftep).

> Fils d'Amosis Ier, achève l'expulsion des Pas-
> teurs, et mérite ainsi l'honneur de commencer
> une nouvelle dynastie.

>> Vu entier par MM. Bankes, Cailliaud et Burton. —
>> A perdu aujourd'hui la plus grande partie de son
>> troisième signe.

XVI. — **Thouthmosis Ier.**

>> Le quatrième signe fracturé dans M. Bankes, res-
>> titué par MM. Cailliaud et Burton. — Détruit dans
>> l'original.

XVII. — **Thouthmosis II.**

> A la suite de ce roi, et dans l'ordre réel de
> succession, devrait se trouver ici Aménenthé,
> second époux de la reine Amensé, qui gouverna
> l'Égypte pendant la minorité de Thouthmo-
> sis III.

> Champollion a très-ingénieusement expliqué
> les causes de cette omission (1).

>> Mal copié par M. Bankes, qui a remplacé le signe
>> *grand* par le *mur crénelé*. — Exact dans MM. Cail-
>> liaud et Burton. — N'offre plus aujourd'hui qu'une
>> partie de chacun de ses trois premiers signes.

(1) *Lettres écrites d'Égypte,* p. 297.

Nº XVIII.   THOUTHMOSIS III (ou Mœris).

L'antiquité lui attribue des travaux immenses, parmi lesquels on cite particulièrement le creusement du lac qui portait son nom, des Propylées à Memphis, etc. Les monuments qui contiennent ses légendes sont encore les plus nombreux parmi ceux de tous les Pharaons.

Exact dans les trois copies.

XIX. — AMÉNOPHIS II.

Exact dans les trois copies.

XX.   THOUTHMOSIS IV.

Le *mur crénelé* oublié par M. Bankes. — Exact dans MM. Cailliaud et Burton.

XXI. — AMÉNOPHIS III.

Le Memnon des Grecs, qui en firent poétiquement le fils de l'Aurore et l'allié de Priam pendant le siége de Troie.

Ce roi paraît avoir combattu heureusement plusieurs peuples africains, qui sont figurés captifs et agenouillés à ses pieds sur plusieurs monuments connus.

Les ruines magnifiques de son palais et son colosse si célèbre dans l'antiquité, existent sur l'emplacement de Thèbes.

Le tombeau de ce prince se voit aussi dans une vallée déserte, à l'ouest de Biban-el-Molouk.

Exact dans les trois copies.

XXII. — HORUS.

Exact dans les trois copies.

XXIII. — RHAMSÈS Iᵉʳ.

Fils du précédent. Le tombeau et le sarcophage de ce Pharaon ont été reconnus par Champollion dans la vallée de Biban-el-Molouk.

La tête de lion, faiblement copiée par MM. Cailliaud et Burton, est méconnaissable dans M. Bankes.

XXIV. — MÉNEPHTHA Iᵉʳ (Mandoueï, Ousireï).

Fils du précédent, père de Rhamsès II et de
Rhamsès III (Sésostris). Le tombeau de ce Pharaon a été découvert à Biban-el-Molouk par
Belzoni, et son sarcophage en albâtre fait aujour-
d'hui partie du Musée Britannique.

Exact dans les trois copies.

XXV et XXVI. — RHAMSÈS II.

Le dernier de ces cartouches contient le nom
propre de ce roi, précédé du titre de *Chéri
d'Amon.*

Parmi les monuments assez nombreux érigés
par Rhamsès II, nous nous bornerons à citer
l'obélisque de granit qui décore aujourd'hui le
centre de la place Louis XV (1).

Exact dans les trois copies.

Ainsi qu'on l'a déjà dit, la troisième et dernière ligne
de ce tableau contenait probablement vingt-six cartouches, dont vingt-deux et demi sont conservés (2).
L'examen que nous allons poursuivre indiquera le degré de fidélité que présentent ici les trois copies dont
nous nous sommes précédemment occupés.

Ligne inférieure.

Nᵒˢ I, II, III. — Détruits; leur place a été indiquée par M. Burton.

    IV. — Réduit à sa moitié supérieure dans l'original. —
        Plus entier, mais déjà mutilé dans M. Burton. —
        Omis par MM. Bankes et Cailliaud.

    V. — Omis par MM. Bankes et Cailliaud. — Exact dans
        M. Burton.

    VI. — Omis par MM. Bankes et Cailliaud. — Exact dans
        M. Burton.

    VII. — Omis par MM. Bankes et Cailliaud. — Exact dans
        M. Burton.

(1) Les inscriptions sculptées au centre de chacune des faces de ce monolithe appartiennent à Rhamsès II : celles des côtés sont de son frère Rhamsès III (Sésostris).

(2) Nous avons la certitude que les derniers cartouches de cette ligne ont
été détruits depuis peu d'années.

VIII. — Omis par M. Cailliaud. — Exact dans MM. Bankes
et Burton.

IX. — Exact dans les trois copies.

X. — Exact dans MM. Bankes et Burton. — Mal copié par
M. Cailliaud, qui ne s'est point aperçu que le haut de
ce cartouche est rempli par les figures assises et en
regard d'Amon-Ra et de Phré.

XI. — Exact dans les trois copies.

XII. — *Idem.*

XIII. — *Idem.*

XIV. — Exact dans MM. Bankes et Burton. — Mal copié par
M. Cailliaud. Ici, comme au nᵒ XX, le nom d'Amon-
Ra est rendu figurativement par le dieu lui-même,
assis sur un trône, et tenant à la main un sceptre à
tête de schakal.

XV. — Exact dans les trois copies.

XVI. — *Idem.*

XVII. — *Idem.*

XVIII. — *Idem.*

XIX. — *Idem.*

XX. — Exact dans MM. Bankes et Burton. — M. Cailliaud
répète ici la faute qu'il a commise au nᵒ XIV.

XXI. — Déjà fracturé du bas dans M. Bankes. — Cette partie
restituée par MM. Cailliaud et Burton.

XXII, XXIII, XXIV, XXV. — Déjà détruits à l'époque de la découverte du monument.

XXVI. — M. Burton a mal vu le huitième hiéroglyphe, qui n'est
point le signe de *l'eau*, mais bien les *deux sceptres
affrontés.* — Exact dans MM. Bankes et Cailliaud.

Au-dessous de cette dernière rangée de cartouches (1)
régnait une suite de figures assises, tout à fait semblables à celles qu'on remarque sous les lignes supérieures.
Ces figures, dont il existe encore des fragments, ont été
oubliées par M. Cailliaud. Le même voyageur a également négligé de tracer les lignes verticales qui isolent
les cartouches dans toute la hauteur du tableau. Enfin, et pour terminer cette partie de notre vérification,
M. Burton ne s'est point aperçu que les deux bras
qui sont placés au-dessus des titres de *roi* et de *fils du*

____

(1) Ces cartouches répètent, avec quelques variantes de formes, la légende
complète de Rhamsès III.

Soleil, supportent chacun une forme pyramidale, ainsi que l'a bien vu M. Cailliaud.

Les deux inscriptions verticales sur lesquelles vient s'appuyer la droite du tableau n'ayant point été dessinées par MM. Bankes et Burton, il nous resterait alors seulement à les confronter avec la copie de M. Cailliaud, si M. Rossellini, en reproduisant la planche de M. Burton, n'avait jugé à propos d'y accoler une autre transcription de ces mêmes légendes, dont l'examen terminera ce travail entrepris dans le seul intérêt de la science, et non pour satisfaire ou pour froisser aucun amour-propre particulier (1).

1re *Colonne verticale*. — Selon M. CAILLIAUD.

Le *bras* placé au-dessus du Π, tient un petit bâton à peine recourbé, et non point une *plume*. — La destruction commence à la base du caractère qu'il précède.

2e *Colonne verticale*. — Selon le même.

Introduction fautive du premier groupe contenant le *vase à anneau* et la *bouche* qui le suit. — On doit croire que la *plume* retournée, placée au bas de la colonne (aujourd'hui détruit), était dirigée dans le sens général de l'inscription.

1re *Colonne verticale*. — Selon M. ROSELLINI.

Le dernier hiéroglyphe du cartouche royal est mal copié. Ce n'est point le signe de *l'eau*, mais les *deux sceptres affrontés*, qui se voient sur le tableau. — L'*œil humain* ne devait point surmonter le groupe dont il n'est que le second signe.

2e *Colonne verticale*. — Selon le même.

Le *bras*, entièrement fléchi sur l'original, tient le *fléau*, et n'est point semblable à celui qui se trouve dans le prénom d'Aménophis Ier, ainsi que l'a fait M. Rosellini. — Le *disque posé sur un chevet*, isolé à tort par le même, se groupe et s'encadre avec les trois signes qui l'accompagnent. On doit aussi faire observer qu'aucun des disques *striés* dans ce dessin ne l'a jamais été sur le monument (2).

(1) Cette confrontation ne pouvant avoir lieu que sur les signes donnés par le monument, nous devons avertir que la partie perdue de ces inscriptions s'étend du haut jusque vers la fin du cartouche, et continue horizontalement au-dessus de la *jambe humaine* et de l'*enfant assis*.

(2) D'après ce qui vient d'être dit, nous ne voyons point trop pourquoi

A la gauche du tableau était sculptée une figure
de Phtha (1) assis sur un trône richement décoré,
et tenant un sceptre à la main. Cette figure, qui ne
paraît pas avoir été vue par nos trois voyageurs (2),
était élevée sur un socle dont le dessous venait s'ali-
gner avec le bas des figures placées immédiatement
après la troisième rangée de cartouches qui forment
la partie inférieure du tableau.

La Table d'Abydos décorait originairement la paroi
droite et intérieure d'un petit édifice taillé dans une
masse de calcaire sec et cassant. Les difficultés que présentait son extraction, et peut-être aussi l'impossibilité
de se procurer les ouvriers et les instruments convena-
bles pour exécuter ce travail avec soin, sont cause qu'elle
est rompue en dix morceaux qui ont été rassemblés depuis avec la plus scrupuleuse attention (3).

Haut., 4 pieds 4 pouces. — Larg., 11 pieds 5 pouces.

171. Roche dure. — Amulette en forme de cylindre
percé dans son axe.

Sur deux de ses faces opposées sont gravés les cartouches formant la légende complète d'Amenemdjom,
premier roi de la xviie dynastie (4).

Haut., 11 lig.

172. Granit noir. — Stèle de forme cintrée, cou-

M. Rosellini se permet de traiter de *mauvais* le dessein de M. Cailliaud (*il
cattivo disegno del Cailliaud*). Ni Champollion ni M. Rosellini n'ont visité
les ruines d'Abydos. Si le docte voyageur italien avait vu le monument que
nous avons sous les yeux, il eût été plus juste envers M. Cailliaud, dont la
copie offre sans doute quelques inexactitudes, mais qui pourtant joint au mérite de nous avoir conservé le haut des colonnes verticales, l'avantage d'être
la mieux dessinée de celles qui nous sont connues.

(1) Cette dénomination, que nous ne prétendons pas affirmer, se fonde sur
le vêtement étroit et de couleur blanche que porte cette divinité, et que l'on
remarque assez particulièrement aux figures de Phtha.

(2) Nous regrettons beaucoup de n'avoir pu nous procurer la vue des
copies de MM. Félix et Wilkinson.

(3) Le tableau est entièrement sculpté en creux. La figure seule est exécutée de relief dans le creux. Tous les détails du monument sont coloriés.

(4) Deuxième ligne de la Table d'Abydos, n° IX. Un cylindre semblable
appartenait à M. F. Lajard, membre de l'Institut.

verte par dix légendes qui encadrent deux figures Monuments
royaux. d'hommes debout et sans attributs particuliers.

Dans la ligne supérieure de l'inscription, et à la suite du groupe qui indique que ce monument est destiné à perpétuer une adoration royale, est gravé un cartouche précédé du titre de *roi*. La composition de ce cartouche est semblable, à l'exception d'un signe (1), au titre que porte l'avant dernier Pharaon de la xviie dynastie (2).

Haut., 16 pouces. — Larg., 10 pouces 9 lig.

173. Scarabée en stéatite. — Sur sa partie plate est gravé le prénom d'Amosis, dernier roi de la xviie dynastie (3).

Haut., 16 lig. — Larg., 13 lig.

174. Granit rose. — Jambage de porte, dont la face extérieure contient la dédicace de Thouthmosis II, troisième roi de la xviiie dynastie (4). Ce fragment, qui faisait partie de l'un des plus vieux monuments d'Esnéh, a été vu et copié par Champollion (5), qui traduit ainsi son cartouche : *Le grand Soleil, seigneur du monde terrestre* (6).

La partie inférieure du *pschent* posée sur le signe *seigneur*, est ici une variante fort rarement observée. Ce groupe est ordinairement remplacé par le signe de *l'eau*.

Haut., 7 pieds 8 pouces. — Larg., 10 pouces 6 lig.

175. Albâtre calcaire. — Vase à une anse, portant le prénom de Thouthmosis III, quatrième roi de la xviiie dynastie (7).

(1) Ce signe, qui peut avoir été oublié, est *le bras étendu*.
(2) Deuxième ligne de la Table d'Abydos, n° XIII.
(3) *Ibid.*, n° XIV.
(4) *Ibid.*, n° XVII.
(5) *Lettres écrites d'Égypte*, p. 202.
(6) *Grammaire égyptienne*, p. 145.
(7) Deuxième ligne de la Table d'Abydos, n° XVIII.

Au-dessous du cartouche royal est gravée la forme d'un vase accompagné de quatre signes d'unités.

Haut., 1 pied.

176. Scarabée en émail vert, monté en bague d'or. — La déesse PASCH, *léontocéphale*, debout près du cartouche prénom de THOUTHMOSIS III.

Long., 7 lig.

177. Scarabée en terre émaillée, serti en or. — Un *uræus* près du cartouche prénom du même roi.

Long., 8 lig.

178. Amulette en émail. — Contenant le même prénom au revers d'un œil humain.

Long., 5 lig.

179. Matières diverses. — Cinquante-quatre amulettes portant le prénom du même roi.

Long. moyenne, 6 lig.

180. Scarabée et forme de lièvre de Nubie, en terre émaillée. — Ces amulettes portent l'une et l'autre le prénom d'AMÉNOPHIS II, cinquième roi de la XVIIIe dynastie (1).

Long. moyenne, 6 lig.

181. Scarabée en pâte d'émail bleu, monté en bague d'or.

Cartouche prénom d'AMÉNOPHIS III, septième roi de la XVIIIe dynastie (2).

Long., 8 lig.

182. Schiste dur émaillé. — Scarabée contenant une inscription divisée en dix lignes.

Dans le texte, qui semble formuler une dédicace, se trouve la légende complète d'AMÉNOPHIS III et le nom de la reine TAIA, son épouse. Les cartouches du roi sont en outre répétés sur les côtés du scarabée.

(1) Deuxième ligne de la Table d'Abydos, n° XIX.
(2) *Ibid.*, n° XXI.

Trois objets semblables appartiennent au Musée royal du Louvre ; un autre est conservé au Musée de Leyde ; la collection de M. le chevalier de Palin en renfermait un fort beau, que nous avons publié (1).

Long., 22 lig.

183. Terre émaillée. — Sept amulettes et une bague offrant le prénom d'Aménophis III.

Long. moyenne, 1 pouce.

184. Terre émaillée. — Scarabée contenant le nom de la reine Taïa, qualifiée de *royale épouse, déesse vivante.*

Long., 15 lig.

185. Bague en terre émaillée. — Sur son chaton est gravé le nom de la même princesse (2).

Haut. du chaton, 11 lig.

186. Terre émaillée. — Deux scarabées portant le prénom de Ménephtha Ier, dixième roi de la xviiie dynastie (3).

Long. moyenne, 8 lig.

187. Granit noir. — Buste colossal de Ménephtha Ier, fragment trouvé dans les ruines de son palais (Meneptheum), à Kourna.

Haut., 3 pieds 4 pouces.

188. Calcaire. — Six morceaux qui faisaient partie d'une grande composition réduite aujourd'hui à la partie supérieure des personnages suivants :

Le roi Rhamsès II, la tête couverte du casque royal (tasch), et dirigé de droite à gauche, reçoit la vie divine que lui donnent Isis et un dieu *hiéracocéphale* dont

(1) *Choix de pierres gravées égyptiennes.* Paris, 1817.

(2) Le nom de Taïa, adossé au prénom d'Aménophis III, se voit sur un sceau monté en argent, conservé par M. le chevalier de Thibault, amateur belge très-instruit, et qui possède une collection choisie d'antiquités égyptiennes.

(3) Deuxième ligne de la Table d'Abydos, n° XXIV.

la coiffure symbolique est mutilée. En arrière de ce dernier s'avance un dieu à chairs bleues (Amon-Ra?), présentant au même Pharaon le sceptre recourbé et le fléau, emblèmes de la puissance souveraine. La marche est fermée par une déesse, la tête surmontée d'un disque, et qui, en offrant son collier qu'elle avance avec la main droite, tient de la main gauche le sceptre crénelé des Panégyries. Au delà de cette figure et d'une colonne verticale d'hiéroglyphes limitant ce côté du premier tableau, commençait une autre scène mystique dont il ne subsiste plus que le buste de Rhamsès, également casqué.

Un fragment supérieur de la même frise contient un vautour qui plane, et les cartouches mutilés de ce onzième roi de la xviiie dynastie (1).

Ces sculptures exécutées de relief dans le creux, et dont toutes les parties sont coloriées, ont été découvertes dans les ruines du petit temple d'Abydos.

Haut. la plus élevée, 4 pieds 8 pouces 6 lig. — Larg., 5 pieds 4 pouces.

189. Calcaire peint. — Débris d'un grand bas-relief représentant un amas d'offrandes. Sur la gauche existe le reste d'une colonne d'hiéroglyphes, et le haut d'un cartouche dont on ne voit plus que le disque solaire.

Ce fragment peut avoir appartenu à la même composition que les précédents. Trouvé au même lieu.

Haut., 19 pouces. — Larg., 29 pouces.

190. Spath calcaire blanc. — Débris d'un grand bas-relief, contenant encore la partie inférieure des cartouches de RHAMSÈS II, et le haut de cinq colonnes d'hiéroglyphes. Ce fragment, qui présente des traces de couleurs, a été trouvé à Abydos.

Haut., 21 pouces. — Larg., 25 pouces.

191. Calcaire. — Bas-relief divisé en quatre ta-

(1) Deuxième ligne de la Table d'Abydos, n° XXV.

bleaux précédés d'une bannière sur laquelle on lit :
L'Aroéris puissant, chéri de la Vérité.

1er Tableau. — RHAMSÈS III (Sésostris), douzième roi de la XVIIIe dynastie thébaine (1), debout et coiffé du *claft*, présente des tiges de lotus à Isis, *déesse mère, dame du ciel.* Entre ces deux personnages est placé un autel chargé de lotus, et la légende du Pharaon est gravée près de son visage.

2.e Tableau. — RHAMSÈS, coiffé du *pschent*, et debout, offre le vin à Horus *hiéracocéphale.* Entre ces figures, qui sont accompagnées de leurs légendes, s'élève un autel chargé de lotus; les deux bas-reliefs qui suivent, séparés des premiers par une colonne d'hiéroglyphes, représentent à peu près, mais dans un sens contraire, les sujets qui viennent d'être décrits. Cette frise a été découverte à Abydos.

Haut., 25 pouces. — Larg., 9 pieds.

192. Grès. — Partie supérieure d'une figure d'AMON-RA, tenant le sceptre à tête de *coucoupha ;* derrière elle se voit le prénom de RHAMSÈS III, précédé du titre de *fils du Soleil, Seigneur des diadèmes.*

Ce fragment, divisé en trois morceaux, et qui a dû faire partie d'une grande composition, provient des ruines de Karnac.

Haut., 2 pieds 9 pouces. — Larg., 4 pieds.

193. Stèle de forme cintrée, en calcaire. — Bas-relief supérieur. Un scribe et sa femme qui tient un sistre, adorent Osiris, Isis, Horus et Hathôr figurée sous la forme d'une vache. Ces figures sont accompagnées de légendes parmi lesquelles on remarque le cartouche prénom de RHAMSÈS III.

Au-dessous de cette scène religieuse est sculpté un

(1) Deuxième ligne de la Table d'Abydos, n° XXVI. — Le tombeau de ce célèbre conquérant a été découvert à Biban-el-Molouk par Champollion (*Lettres écrites d'Égypte,* p. 252).

tableau représentant les hommages rendus aux ancêtres des personnages ci-dessus indiqués.

Haut., 3 pieds 1 pouce. — Larg., 22 pouces 8 lig.

194. **Grès.** — Statue d'un homme accroupi, tenant devant lui un *naos* qui renferme l'image de Phtha; l'arrière et la base de cette figure contiennent des actes d'adoration. Sur les épaules du même personnage sont gravés les cartouches qui forment la légende complète de Rhamsès III.

Haut., 1 pied 6 pouces

195. **Spath vert, serpentine et terre émaillée.** — Quatre amulettes portant le cartouche prénom de Rhamsès III.

Long. moyenne, 7 lig.

196. **Calcaire colorié.** — Commencement de deux légendes royales dont les parties inférieures n'existent plus.

Ces débris, dont le travail est fort beau, peuvent avoir appartenu à l'un des monuments élevés par la XVIIIe dynastie.

Trouvé à Abydos.

Haut., 22 pouces. — Larg., 20 pouces

197. **Calcaire.** — Fragment d'une grande inscription, qui offre encore les restes de treize colonnes d'hiéroglyphes sculptés en creux. Ces légendes étaient dominées par une ligne horizontale en mêmes caractères, et qui contient le titre de roi, suivi d'un cartouche dont il ne reste qu'un faible vestige (ce fragment est divisé en trois morceaux).

Trouvé à Abydos.

Haut., 3 pieds 4 pouces. — Larg., 3 pieds 2 pouces.

198. **Granit rose.** — Fragment d'une stèle dont le haut est orné d'un globe ailé, accompagné du titre de *Dieu grand, Seigneur du ciel.*

Au-dessous, le champ divisé en deux par une ligne

verticale, paraît avoir contenu une légende royale. Ce débris appartient à une belle époque de l'art égyptien.Monuments
royaux.

Trouvé à Thèbes.

Haut., 4 pieds 8 pouces. — Larg., 25 pouces.

199. Fragment de bas-relief en calcaire. — Un roi, dont la tête et la poitrine sont détruites, présente un vase à Osiris debout et appuyé sur un sceptre à tête de *coucoupha*. Près de ces figures sont placées des légendes hiéroglyphiques (en quatre morceaux).

Trouvé à Abydos.

Haut., 2 pieds 9 pouces. — Larg., 3 pieds.

200. Fragment de la même frise que le précédent. — Le même roi, également mutilé du haut, offre le vin et l'encens à Harsaphrès placé près d'un petit édifice.

Haut., 2 pieds 3 pouces. — Larg., 2 pieds 5 pouces.

201. Fragment de bas-relief en grès. — Tête de roi casquée; derrière elle est placé le signe de la *vie divine*.

Trouvé dans les ruines d'un petit temple, à l'est de Karnac.

Haut., 1 pied 10 pouces. — Larg., 1 pied 6 pouces.

202. Fragment d'un bas-relief en grès. — Un roi coiffé du *pschent*, approchant son visage de celui d'Amon-Ra, qui semble prêt à lui donner l'accolade. Ces figures sont détruites au-dessous du sein.

Trouvé à l'est de Karnac.

Haut., 2 pieds 6 pouces. — Larg., 2 pieds 5 pouces.

203. Fragment d'un bas-relief en grès. — Le même sujet, provenant du même lieu que les précédents.

Haut., 1 pied 6 pouces. — Larg., 2 pieds 8 pouces 6 lig.

204. Fragment d'un bas-relief en grès. — Buste d'un roi coiffé du *claft*.

Trouvé près de Karnac.

Haut., 1 pied 9 pouces — Larg., 1 pied 6 pouces 6 lig.

205. Fragment d'un bas-relief en grès. — Demi-

figure d'un roi coiffé de la partie inférieure du *pschent*; derrière elle est gravé un titre qui accompagne souvent les images des Pharaons (1).

Trouvé à l'est de Karnac.

Haut., 1 pied 8 pouces 6 lig. — Larg. 2 pieds 4 pouces.

206. Fragment d'un bas-relief en grès. — Tête d'Amon-Ra, tournée à gauche; devant elle existe encore un reste d'inscription.

Ce débris provient du même monument que les cinq morceaux qui précèdent.

Haut., 2 pieds 7 pouces. — Larg., 1 pied 10 pouces.

207. Fragment de bas-relief en calcaire. — Figure à mi-corps d'un roi casqué. Sur son épaule droite est posée l'une des mains de la divinité avec laquelle il était groupé.

Trouvé à Abydos.

Haut., 14 pouces. — Larg., 8 pouces 6 lig.

208. Fragment de bas-relief en calcaire. — Le roi Sévéchus, de la xxve dynastie éthiopienne, en regard du dieu *hyocéphale* Hôp-Hrooué (2). Le prince est coiffé du *claft*, et au-dessus de lui plane un vautour. Son nom propre, ainsi que la légende du dieu, sont parfaitement conservés.

Cette sculpture faisait partie d'une frise où plusieurs sujets analogues étaient représentés.

Trouvé à Abydos.

Haut., 35 pouces 6 lig. — Larg., 38 pouces.

209. Fragment d'un montant de porte, en calcaire. — Prénom de Sévéchus, accompagné du titre de *Dieu gracieux, Fils du Soleil, vivant pour toujours*.

Ce morceau provient du même lieu que le précédent.

Haut., 3 pieds 4 pouces. — Larg., 1 pied.

(1) L'Osiris puissant, chéri de la Vérité.
(2) Champollion, *Grammaire égyptienne*, p. 114.

210. Albâtre oriental. — Quatre vases funéraires Monuments royaux. dont les couvercles représentent les têtes des génies de l'*Amenti*.

Ces vases, d'une hauteur et d'une beauté peu communes, ont été trouvés dans la sépulture d'un chef d'archers attaché au service de l'un des deux rois d'Égypte qui portèrent le nom de PSAMMÉTICHUS (XXVIe dynastie saïte). — Memphis.

Haut., 1 pied 9 pouces

211. Terre émaillée. — Dix-sept figurines funéraires trouvées avec les vases précédents.

Haut., 6 pouces.

212. Albâtre oriental. — Quatre vases funéraires trouvés dans le tombeau du chef des barques de l'un des PSAMMÉTICHUS. L'un de ces vases est brisé. — Memphis.

Haut., 17 pouces.

213. Terre émaillée. — Figurine dont la légende contient le cartouche nom propre de PSAMMÉTICHUS.

Haut., 3 pouces.

214. Calcaire tendre. — Scarabée portant une légende de six lignes, et dans laquelle se remarque le cartouche nom propre de PSAMMÉTICHUS.

Long., 2 pouces 1 lig.

215. Grès. — Fragment inférieur d'un cartouche qui ne contient plus que la figure d'un lion couché. Ce signe nous paraît avoir terminé le prénom d'un ancien Pharaon (1), ou bien le nom propre d'ACORIS (Hâkor), l'un des rois de la XXIXe dynastie mendésienne.

Les légendes de ce dernier se lisent sur un sphinx du Musée royal du Louvre, à Éléthya, aux carrières de Toura (2), et enfin parmi les réparations d'un très-vieux édifice à Médinet-Habou (3).

Haut., 2 pouces 9 lig.

(1) Table d'Abydos, 1re ligne, n° 23.

(2) Salt, *Essai sur le système des hiéroglyphes phonétiques*, trad. franç. pl. IV, n°s 17 et 18.

(3) Champollion, *Lettres écrites d'Égypte*, p. 331.

216. **Grès.** — Fragment d'un bas-relief colorié, conservant encore la légende complète du Pharaon NECTANÈBE, de la xxx° dynastie sébennytique.

Les légendes de ce roi se lisent sur quelques monuments à Saft, à Keft et à Philée (1); on les retrouve également sur la base des lions de l'*Acqua-Felice*, à Rome, sur une grande stèle de M. Bassegio, demeurant dans la même ville (2), et enfin sur une très-belle figurine funéraire trouvée à Pompéï (3).

Haut., 23 pouces 9 lig. — Larg., 2 pieds.

217. **Terre émaillée.** — Trois scarabées représentant des Pharaons vainqueurs de peuples africains.

Long. moyenne, 7 lig.

218. **Terre émaillée.** — Deux scarabées représentant des Pharaons.

Haut. moyenne, 8 lig.

219. **Figurine en bronze** — Un Pharaon accroupi et coiffé du *claft*.

Haut., 2 pouces 9 lig.

220. **Granitelle noir.** — Tête d'un Pharaon coiffé du *claft*; débris d'une petite statue.

Haut., 5 pouces 3 lig.

221. **Bas-relief en grès.** — Le roi PHILOMÉTOR, coiffé en *Socharis*, présente l'image de Tmeï à Amon-Ra assis et appuyé sur un sceptre.

Près du dieu et du souverain Lagide sont placés les cartouches et les légendes qui contiennent leurs titres et leurs noms. Ce bas-relief, de même travail que ceux qui suivent et qui renferment les légendes de ce prince, a été trouvé dans un grand amas de ruines près de Karnac.

Haut., 2 pieds 7 pouces. — Larg., 2 pieds.

(1) Champollion, *Lettres écrites d'Égypte*, p. 92 et 115.
(2) La stèle de M. Bassegio est datée de l'an XIII du règne de ce prince.
(3) *Catalogue du Musée des Studi*, n° 526.

222. **Grès.** — Bas-relief surmonté d'une corniche. La déesse *Hathôr* et le jeune dieu *Harsont-Tho*, assis devant les légendes royales de Philométor.

Haut., 18 pouces. — Larg., 1 pied 10 pouces 6 lig.

223. **Grès.** — Bas-relief surmonté d'une corniche et colorié (brisé en trois morceaux). Un sphinx royal coiffé du *pschent*, couché sur un socle, et accompagné d'un disque ailé. Devant lui est assis le dieu Amon-Ra, tenant un sceptre à la main; entre le sphinx et le dieu sont sculptées les légendes de Philométor et celle d'Amon-Ra, qualifié de *Roi des Dieux, Dieu grand, Seigneur du ciel*.

Cette composition repose sur le signe *Ciel*, appuyé sur des sceptres à tête de *coucoupha*.

Haut., 18 pouces 6 lig. — Larg., 23 pouces.

224. **Grès.** — Bas-relief brisé en deux morceaux. Le roi Philométor, coiffé de la partie inférieure du *pschent*, fait l'offrande du vin à une déesse portant la même coiffure. Entre ces personnages sont placées leurs légendes.

Haut., 1 pied 10 pouces. — Larg., 1 pied 8 pouces 6 lig

225. **Grès.** — Bas-relief surmonté d'une corniche. Une déesse coiffé du *pschent*, et le dieu *Lunus* hiéracocéphale, assis devant les cartouches de Philométor.

Haut., 18 pouces. — Larg., 22 pouces.

226. **Grès.** — Bas-relief brisé en cinq morceaux. Philométor (dont on ne voit que la main droite) présente un vase à Amon-Ra et à Tmeï debout. Sur le champ qui contient ces figures sont inscrites les légendes des divinités et le prénom du roi.

Haut., 2 pieds 1 pouces. — Larg., 1 pied 11 pouces.

227. **Grès.** — Fragment d'un bas-relief (brisé en deux morceaux). Un Ptolémée (probablement Philométor) et sa femme,

vus à mi-corps. Entre eux se voit encore la fin de deux légendes.

Haut., 1 pied 7 pouces. — Larg., 1 pied 9 pouces 6 lig.

228. Grès. — Fragment supérieur d'un bas-relief.

Un Ptolémée (Philométor?), coiffé du *pschent*, et suivi de sa femme, dont la tête est chargée de l'insigne d'Hathôr, paraît adorer une divinité aujourd'hui détruite. Cette sculpture n'a point été terminée.

Haut., 1 pied 7 pouces. — Larg., 1 pied 11 pouces.

229. Grès. — Tambour de colonne.

Sur son pourtour est sculptée la légende de Philométor. Ce débris provient d'un temple à Philæ.

Haut., 16 pouces. — Diamètre, 22 pouces.

230. Porphyre vert foncé. — Fragment d'une stèle de forme cintrée, rompue verticalement vers la moitié de sa longueur, et dont le côté droit est perdu (1).

Le haut de cette stèle, qui n'offre malheureusement plus qu'une surface presque entièrement usée, contient la gauche d'un globe ailé, qui formait sa décoration supérieure. Au-dessous, et au milieu d'un champ martelé à dessein, se distingue la trace d'un cartouche précédé du groupe hiéroglyphique formant le titre royal de *Fils du Soleil*.

Plus bas, et à quelque distance des signes que nous venons d'indiquer, étaient gravés, l'un au-dessus de l'autre, les trois textes suivants :

> 1er **HIÉROGLYPHIQUE**. — Composé d'environ vingt-huit lignes séparées par des filets, et dont les dernières seules sont bien apparentes. Dans le nombre assez considérable de groupes qu'on y distingue et qui offrent un sens connu, se trouvent ceux qui expriment les noms de *Temple*, de *Dieux*, de *Scribe*, etc. Ces caractères, qui se lisent de droite à gauche, ont cinq lignes de hauteur.

> 2e **DÉMOTIQUE**. — Formant vingt-neuf lignes de lettres fort petites et peu visibles.

(1) On entend parler ici de la partie droite de la stèle, où se trouvait le commencement des lignes de l'inscription grecque.

3ᵉ GRECQUE. — Texte de soixante-dix-sept lignes, n'offrant plus guère que des lettres isolées, un petit
nombre de mots, et quelques parties de phrases parmi
lesquelles on lit la suivante (1), que ne présente point
la pierre de Rosette :

.... ΤΟΥΣ ΚΑΙΤΑΤΕΚΝΑ ......

αὐ|τοὺς καὶ τὰ τέκνα [αὐτῶν.

Les caractères de ce troisième texte portent moins
d'un quart de pouce de hauteur : le nombre de ceux
renfermés dans chacune de ses demi-lignes est à peu
près de soixante, ce qui donnerait un total de plus
de 9200 lettres pour cette partie seule, lorsqu'elle
était dans son entier.

M. Letronne, qui a bien voulu examiner cette
inscription, pense qu'elle n'est point une répéti-
tion de celle de Rosette, quoique d'ailleurs elle
ait dû contenir un décret analogue à celui que renferme cette dernière. Il est fâcheux que le nom du roi
Lagide, sous le règne duquel elle a été exécutée, ne
puisse plus se lire dans le seul cartouche dont on
suit assez bien le contour, ni sur aucune autre partie
de ce monument où quelques vestiges d'écriture sont
encore reconnaissables.

Ce fragment paraît être le même que M. Caristie,
ingénieur français, découvrit en 1800, et qui alors
servait de seuil à l'une des portes de la mosquée de
Gâma' Emyr Khour, au Caire (2). Transporté à cette
époque au palais de *Hasan Kâchef*, où l'Institut
d'Égypte tenait ses séances et conservait ses collections, il y fut sans doute oublié jusqu'à ces derniers
temps que M. Mimaut parvint enfin à le retrouver, et
put ensuite l'ajouter aux autres objets précieux qu'il
avait déjà recueillis.

Haut., 5 pieds 11 pouces 2 lig. — Larg. moyenne, 15 pouces 6 lig. — Épaiss., 13 pouces.

231. Bronze. — Miroir dont le manche est orné
d'une tête d'*Hathór*.

Haut., 7 pouces 3 lig.

232. Bronze. — Miroir dont le manche est formé par
une figure de femme debout.

Haut., 7 pouces 9 lig.

(1) Presque à la fin de la dernière ligne.
(2) *Description de l'Égypte,* t. II, Antiquités, p. 144.

233. Bronze. — Miroir soutenu par une tige de lotus.

Haut., 6 pouces 6 lig.

234. Bronze. — Trois miroirs sans manches.

Haut. moyenne, 5 pouces.

235. Bronze. — Trois autres miroirs.

Haut. moyenne, 5 pouces.

236. Bois. — Un étui à collyre, garni d'un couvercle tournant.

Haut., 4 pouces.

237. Albâtre calcaire. — Un étui à collyre, garni de son couvercle.

Haut., 4 pouces 3 lig.

238. Serpentine. — Sept étuis à collyre, réunis ensemble, et fermés par un couvercle tournant.

Haut., 3 pouces 6 lig.

239. Bois. — Trois étuis à collyre.

Haut. moyenne, 1 pouce 10 lig.

240. Albâtre calcaire. — Treize étuis à collyre, plus ou moins bien conservés.

Haut. moyenne, 2 pouces.

241. Bois. — Un coffret de forme rectangulaire, et dont l'intérieur contenait huit vases de toilette à demi enfoncés dans des vides de forme circulaire. Cet objet, garni de son couvercle, est composé de deux bois, l'un, d'un ton chaud, qui offre quelque ressemblance avec l'acajou, et l'autre de la couleur du citronnier.

Haut., 5 pouces 7 lig. — Larg., 11 pouces 9 lig.

242. Bois. — Boîte en forme de fleur de lotus. Fragment.

Haut., 2 pouces 2 lig.

243. Or repoussé. — Boucle d'oreille formée d'une tête de taureau, ornée d'un grenat. Travail de *grain*.

Diamètre, 14 lig.

244. Or. — Boucle d'oreille ornée de la tête d'un animal fantastique.

Diamètre, 13 lig.

245. Or. — Une paire de boucles d'oreilles, forme de fleurs à cinq pétales.

Diamètre, 1 pouce.

246. Or. — Une paire de boucles d'oreilles de forme ronde, et dont le centre est en filigrane.

Diamètre, 1 pouce 6 lig.

247. Or. — Six boucles d'oreilles ornées de têtes d'animaux.

Diamètre, 8 lig.

248. Or. — Neuf pièces : boucles d'oreilles et débris.

Diamètre moyen, 8 lig.

249. Collier composé de tubes d'or à spirales, alternés de scarabées et d'autres formes en cornaline. Son pendant est formé par une tête de vipère en cornaline.

Long., 2 pieds.

250. Collier composé d'anneaux d'or, alternés de pendants d'or, d'argent et de cornaline.

Larg., 20 pouces.

251. Collier composé de tubes et de balustres en cornaline, alternés de huit formes du vase *héri*, en lapis-lazuli, en cornaline et en spath vert.

Larg., 18 pouces.

252. Un collier formé de balustres et de grains en cornaline.

Larg., 38 pouces.

253. Un collier composé d'anneaux en émail colorié, et dont le pendant est formé par un œil mystique.

Larg., 13 pouces 6 lig.

254. Terre émaillée. — Quatre scarabées gravés, montés en cachets d'or.

Long. moyenne, 6 lig.

255. Terre émaillée. — Deux bagues et trois sceaux ornés de figures.

Long. moyenne, 11 lig.

256. Cornaline. — Six bagues, dont l'une est incomplète. Trois d'entre elles sont gravées.

Diamètre moyen, 8 lig.

257. Trois bagues d'argent, dont deux sont agglutinées ensemble. La dernière d'entre elles est ornée de symboles et de légendes.

Diamètre moyen, 9 lig.

258. Bronze. — Dix bagues et sceaux, la plupart ornés de figures et de légendes.

Diamètre moyen, 10 lig.

259. Bronze et serpentine. — Cinq bagues, dont deux sont ornées de pâtes coloriées.

Diamètre moyen, 8 lig.

260. Fer. — Deux bagues ornées de figures.

Diamètre moyen, 10 lig.

261. Or. — Vingt-une pièces, anneaux, boucles d'oreilles, etc.

Diamètre moyen, 5 lig.

262. Or et argent. — Cinquante-six débris de bijoux.

Diamètre moyen, 5 lig.

263. Bronze. — Six fers de flèches barbelés, et qui doivent avoir servi à chasser la gazelle ou d'autres petits animaux.

Long. moyenne, 5 pouces.

264. Bronze. — Une paire de cymbales.

Diamètre, 5 pouces.

265. Bois. — Une palette de scribe, à deux godets.

Haut., 10 pouces 4 lig.

266. Un livret de doreur, dont la couverture est en

cuivre, et qui renferme huit feuilles d'or battu, objet curieux et peut-être unique.

Haut., 5 pouces 2 lig. — Larg., 4 pouces 4 lig.

267. Bronze. — Un *simpulum* dont le manche se termine par la tête d'une oie.

Long., 20 pouces.

268. Albâtre. — Tablette divisée en sept parties, dont chacune contient une augette remplie de couleur bleue, précédée d'une légende hiéroglyphique.

Haut., 3 pouces. — Larg., 7 pouces 2 lig.

269. Abâtre calcaire. — Deux vases, forme d'urne sans anses.

Haut. moyenne, 1 pied.

270. Albâtre calcaire. — Deux vases, forme élargie du bas, et l'orifice garni d'un *orle*.

Haut. moyenne, 9 pouces.

271. Albâtre calcaire. — Quatre vases de même forme que les précédents.

Haut. moyenne, 6 pouces.

272. Albâtre calcaire. — Deux vases de forme globuleuse, sans anses, et garnis de *collets*.

Haut. moyenne, 6 pouces.

273. Albâtre calcaire. — Un vase sans anses, et dont le goulot est très-large.

Haut., 7 pouces.

274. Albâtre calcaire. — Vase à une anse (le haut du goulot incomplet).

Haut., 10 pouces.

275. Albâtre calcaire. — Neuf vases, forme (dite) de *cornets*.

Haut. moyenne, 7 pouces.

276. Albâtre calcaire. — Grand vase à une anse.

Haut., 13 pouces.

277. Albâtre calcaire. — Deux vases, forme (dite) d'*alabastrite*.

Haut. moyenne, 3 pouces 9 lig.

278. Albâtre calcaire. — Un vase sans pied, et dont les côtés sont garnis d'*oreillettes* percées, destinées à le suspendre.

Haut., 7 pouces 6 lig.

279. Albâtre calcaire. — Vase à deux anses, et posant sur un piédouche.

Haut., 9 pouces.

280. Albâtre calcaire. — Vase à une anse.

Haut., 4 pouces 8 lig.

281. Albâtre calcaire. — Une espèce de gourde à deux anses.

Haut., 7 pouces 4 lig.

282. Albâtre calcaire. — Vingt-six vases et coupes de formes diverses.

Haut. moyenne, 4 pouces.

283. Albâtre calcaire. — Dix-sept vases de formes variées.

Haut. moyenne, 2 pouces.

284. Serpentin noir et blanc. — Vase de forme surbaissée, garni de deux *oreillettes*. Ce vase a été anciennement restauré.

Haut., 7 pouces 4 lig.

285. Marbre et terre cuite. — Trois petits vases.

Haut. moyenne, 1 pouce 6 lig.

286. Terre cuite. — Vingt-cinq vases de formes et de proportions différentes.

Haut. moyenne, 6 pouces.

287. Terre émaillée. — Deux petits vases.

Haut., 1 pouce 6 lig.

288. Terre émaillée. — Deux petits vases fracturés, formés d'animaux.

Haut. moyenne, 1 pouce 6 lig.

289. Terre cuite. — Deux vases à deux anses et à goulot élevé, ornés de zones de couleur brune.

Haut., 2 pouces 7 lig.

290. Albâtre et calcaire. — Deux moules représentant l'un et l'autre un *Vanneau* couché.

Haut. moyenne, 4 pouces.

291. Terre émaillée. — Deux lampes, dont l'une est incomplète.

Long., 5 pouces.

292. Bois. — Trois peignes.

Haut. moyenne, 1 pouce 6 lig.

293. Bois. — Un peigne à démêler le *bissus* ou le lin.

Haut., 4 pouces 10 lig.

294. Serpentine dure. — Forme de cuisse de quadrupède formant une petite cuillère à parfum. Au-dessous sont gravés un cheval et un *uræus*.

Long., 2 pouces 4 lig.

295. Terre émaillée. — Une espèce de gourde dont le goulot, terminé en fleur de lotus, sert d'appui à deux cynocéphales formant ses anses.

Sur la panse, qui est ornée de deux colliers, se voit répétée une colonne d'hiéroglyphes.

Haut., 5 pouces 5 lig.

296. Bronze et fer. — Un hachoir. Cet objet est antique, mais ne paraît pas être de fabrique égyptienne.

Long., 5 pouces 3 lig.

297. Bronze. — Spatules, lame de couteau, pinces, et autres instruments dont l'usage nous est inconnu.

Objets employés aux usages de la vie civile.

298. Basalte vert. — Fragment supérieur du couvercle d'un cercueil d'homme, comprenant la tête et une partie de la poitrine qui est couverte de figures divines et de légendes hiéroglyphiques.

Ce beau débris appartenait au personnage dont les vases funéraires ont été décrits sous le n° 210 (1).

Haut., 3 pieds 2 pouces

299. Une momie d'enfant dans son cercueil.

Long., 2 pieds 2 pouces.

300. Caisse de momie en bois peint, fond jaune.

Son couvercle est décoré d'un scarabée dont les ailes sont éployées, des quatre génies de l'*Amenti*, et d'une ligne verticale d'hiéroglyphes.

Haut., 6 pieds 4 pouces.

301. Bois peint. — Caisse de momie d'homme, chargée de scènes religieuses, exécutées avec un grand soin.

Haut., 5 pieds 8 pouces 6 lig.

302. Bois peint. — Grande caisse, fond jaune, entièrement recouverte de scènes mystiques fort curieuses et bien peintes.

Haut., 6 pieds 6 pouces.

303. Bois peint. — Caisse également décorée de sujets religieux. Cette caisse contient une momie enveloppée de ses toiles.

Haut., 5 pieds 6 pouces 6 lig.

304. Bois peint. — Caisse de momie, peinte en noir, et couverte de figures ainsi que d'hiéroglyphes exécutés en couleur jaune.

Haut., 6 pieds.

305. Bois de sycomore. — Caisse de forme carrée. Le couvercle en est orné de deux figures coloriées, placées

(1) Le plus beau et le mieux conservé des monuments de ce genre a été apporté d'Égypte par M. Gastard, chimiste français très-distingué, et fait aujourd'hui partie des richesses artistiques réunies à Hamilton-Palace, en Écosse, par S. G. M. le duc d'Hamilton et Chatellerault.

aux côtés du symbole de l'âme, et au centre d'une longue inscription hiéroglyphique peinte en noir.

Sur chacun des côtés de la caisse sont représentés onze juges des enfers, se dirigeant vers le trône d'Osiris.

Haut., 5 pieds 5 pouces. — Larg., 1 pied 8 pouces.

306. Calcaire. — Masque humain provenant d'un cercueil de momie.

Haut., 15 pouces 6 lig.

307. Momie de femme contenue et lacée dans un cartonnage orné de peintures, parmi lesquelles on distingue particulièrement Osiris et les quatre génies de l'*Amenti*.

Haut., 4 pieds 11 pouces.

308. Momie renfermée dans un cartonnage sur lequel sont peintes les figures d'Isis et de Nephthys : au-dessous sont les génies de l'*Amenti*, et les scarabées de Chnouphis et de Phré (1).

Haut., 4 pieds 11 pouces.

309. Momie renfermée dans un cartonnage dont la décoration est analogue à celle des précédents.

Haut., 4 pieds 10 pouces.

310. Cire verte. — Un petit masque brisé.

Haut., 2 pouces 7 lig.

311. Un masque de momie en cartonnage peint et doré.

Haut., 7 pouces 6 lig.

312. Basalte vert. — Statue représentant un homme assis à terre, et les mains posées à plat sur ses genoux. Sur le devant de son vêtement sont gravées cinq colonnes d'hiéroglyphes, et trois autres colonnes de mêmes caractères décorent l'espèce de pilastre qui lui sert d'appui.

Haut., 14 pouces 3 lig.

(1) Champollion, *Panthéon égyptien*, pl. 3 (ter) et 24 (D).

313. Basalte vert. — Statue d'un homme debout, les mains à plat sur les cuisses, et vêtu d'un *sabou* décoré de deux petites légendes hiéroglyphiques.

Haut., 10 pouces 6 lig.

314. Granit rose. — Statue d'un homme assis sur un cube et les mains posées sur ses genoux. Sa chevelure est peinte en noir, et près de ses pieds sont gravées deux petites légendes hiéroglyphiques.

Haut., 17 pouces.

315. Granitelle gris. — Partie supérieure d'une statue de femme debout. Sur son appui est gravée une inscription

Haut., 2 pieds

316. Granitelle noir. — Partie supérieure d'une statue d'homme assis, qui faisait partie d'un groupe de deux figures. Sur son appui se voient les restes de six colonnes d'hiéroglyphes.

Haut., 16 pouces 6 lig

317. Granit et calcaire. — Douze débris de figures funéraires.

Haut. moyenne, 8 pouces

318. Grès rouge. — Un homme et une femme assis sur un même *thalamus* enrichi de figures et d'inscriptions.

Haut., 17 pouces

319. Grès jaune. — Statue d'un homme accroupi et les mains posées à plat sur les cuisses. Des légendes sont gravées sur le *sabou* qui lui sert de vêtement, ainsi que sur l'arrière qui forme son appui.

Haut., 16 pouces 4 lig.

320. Grès. — Une figurine portant six lignes d'hiéroglyphes.

Haut., 8 pouces 6 lig.

321. Albâtre calcaire. — Partie inférieure d'une statue qui représentait un scribe assis à l'orientale, et

tenant sur ses genoux un *volumen* à demi déroulé. Des
inscriptions sont gravées sur ce livre, ainsi que sur le
pourtour de la plinthe qui supporte la figure.

Haut., 8 pouces.

322. **Albâtre calcaire.** — Fragment d'une figure
vêtue de long, et portant une légende hiéroglyphique.

Haut., 11 pouces 6 lig.

323. **Albâtre calcaire.** — Trois figurines. Deux
d'entre elles sont chargées de légendes.

Haut. moyenne, 1 pied 5 pouces

324. **Albâtre calcaire et bois.** — Dix figurines, dont
quatre avec légendes.

Haut. moyenne, 9 pouces.

325. **Serpentine.** — Statue funéraire, représentant
un homme debout, vêtu de long, et tenant sur sa
poitrine un nilomètre et le soc d'une charrue (brisée en
deux).

Haut., 6 pouces 9 lig.

326. **Serpentine.** — Figurine ornée de six lignes
d'hiéroglyphes.

Haut., 5 pouces 6 lig.

327. **Calcaire.** — Statue de femme assise et les mains
posées près de ses genoux.

Haut., 2 pieds 10 pouces 6 lig.

328. **Calcaire.** — Statue d'une femme : cette figure
dont le visage est doré et les yeux en émail, porte en
arrière une inscription hiéroglyphique.

Haut., 8 pouces 9 lig.

329. **Calcaire.** — Statue d'un homme debout et vêtu
du *sabou*, tenant devant lui une image d'Osiris. Cette
figure qui est incomplète du bas, porte en arrière une
inscription hiéroglyphique.

Haut., 1 pied 2 pouces 6 lig.

330. **Calcaire.** — Dix figurines, la plupart accompagnées de légendes hiéroglyphiques.

Haut. moyenne, 6 pouces.

331. **Calcaire.** — Statue d'homme debout, tenant le *pat* de la main droite, et s'appuyant de la gauche sur un bâton. Sur la plinthe qui sert de base à cette figure, est sculptée en relief une inscription hiéroglyphique.

Haut., 5 pieds 2 pouces.

332. **Calcaire.** — Autre statue d'homme vêtu du *sabou*, et représentant les mêmes détails que la précédente.

Haut., 5 pieds 2 pouces.

333. **Calcaire.** — Statue de femme debout, portant une coiffure peinte en noir, et la main gauche placée sur le sein. Cette figure qui provient du même tombeau que les deux précédentes, est également accompagnée d'une légende hiéroglyphique.

Haut., 5 pieds 2 pouces.

334. **Bois.** — Statuette représentant un homme vêtu de long, tenant le soc de charrue et le fléau. Sur l'avant et le pourtour de sa robe, sont gravées des légendes hiéroglyphiques.

Haut., 9 pouces.

335. **Bois.** — Statuette représentant une jeune femme debout, vêtue de long, et dont la chevelure tressée est retenue sur le front par un bandeau. Cette jolie figure, ornée d'un collier et de bracelets dorés, s'appuyait sur une espèce de petit sceptre terminé du haut par une fleur de lotus.

Haut., 9 pouces 2 lig.

336. **Bois.** — Statuette d'un homme vêtu du *sabou*, et dont la chevelure courte est disposée en flocons. Ce personnage, dont les chairs sont peintes en rouge, tenait à la main un objet maintenant détruit.

Haut., 9 pouces 3 lig.

337. Bois. — Seize statuettes funéraires, représentant la plupart Osiris infernal. Plusieurs de ces figures sont creuses et contenaient de petits manuscrits.

Haut. moyenne, 19 pouces.

338. Bois. — Dix figurines chargées de légendes.

Haut., 7 pouces.

339. Bois. — Vingt et une figurines avec ou sans légendes.

Haut. moyenne, 17 pouces 6 lig.

340. Terre émaillée. — Deux figurines de belle forme et qui présentent chacune neuf lignes d'hiéroglyphes.

Haut., 9 pouces 6 lig.

341. Terre émaillée. — Cinquante-huit figurines, la plupart décorées de légendes hiéroglyphiques.

Haut. moyenne, 6 pouces.

342. Terre émaillée. — Figurine à fond blanc, figure et coiffure bleues. Hiéroglyphes de couleur violacée.

Haut., 4 pouces 11 lig.

343. Terre émaillée. — Vingt-six figurines portant chacune neuf lignes d'hiéroglyphes.

Haut., 17 pouces 4 lig.

344. Albâtre, bois et terre émaillée. — Quarante-trois figurines et fragments, portant la plupart des inscriptions hiéroglyphiques.

Haut. moyenne, 5 pouces.

345. Albâtre calcaire. — Trois vases funéraires dont les couvercles sont formés par des têtes humaines. Ces vases, qui appartenaient au même personnage, sont décorés chacun par quatre colonnes d'hiéroglyphes surmontées d'une ligne horizontale en mêmes caractères.

Haut., 17 pouces 9 lig.

346. Albâtre et calcaire. — Douze vases funéraires, la plupart ornés de légendes hiéroglyphiques.

Haut. moyenne, 12 pouces.

347. Terre cuite. — Deux vases funéraires à têtes humaines, portant chacun une inscription de quatre colonnes d'hiéroglyphes peints en noir.

Haut., 1 pied.

348. Terre cuite. — Vase funéraire, portant une inscription peinte en noir (le couvercle et le haut du vase sont brisés).

Haut., 11 pouces 6 lig.

349. Albâtre calcaire. — Deux têtes humaines dont les coiffures sont remarquables : ces têtes servaient de couvercles à des vases funéraires.

Haut., 5 pouces.

350. Albâtre et calcaire. — Quatorze têtes diverses, ayant servi de couvercles à des vases funéraires.

Haut. moyenne, 5 pouces.

351. Serpentin noir et blanc. — Vase garni de deux oreillettes. Sur le haut d'une de ses faces est placée une légende qui contient un cartouche mal gravé, et qui se trouve très-fréquemment sur les monuments funéraires.

Haut., 14 pouces.

352. Calcaire. — Trois formes non évidées de vases funéraires.

Haut. moyenne, 9 pouces.

353. Papyrus. — Fragment d'un manuscrit hiéroglyphique disposé en colonnes, et dont le haut est terminé par une frise de figures au trait, représentant des scènes mystiques.

Haut., 1 pied (1).

354. Papyrus. — Manuscrit hiéroglyphique, disposé en colonnes, et qui se termine à gauche par la

(1) Nous ne pouvons donner la largeur de ces manuscrits, qui n'ont point été déroulés en entier.

scène représentant le jugement de l'âme (mal conservé).

Haut., 11 pouces 5 lig.

355. Papyrus. — Manuscrit hiéroglyphique, écrit
en colonnes, avec rubriques en rouge, et scènes coloriées.

Haut., 9 pouces 10 lig.

356. Toile. — Fragment d'un beau manuscrit hiératique, avec figures dessinées au trait.

Haut., 6 pouces.

357. Papyrus. — Manuscrit hiératique, avec rubriques écrites en rouge.

Haut., 4 pouces 9 lig.

358. Papyrus. — Manuscrit hiératique, composé de
quatre lignes (mal conservé).

Haut., 4 pouces 6 lig.

359. Papyrus. — Un manuscrit hiératique, qui paraît être complet.

Haut., 9 pouces 3 lig.

360. Papyrus. Cinq débris de manuscrits hiéroglyphiques et hiératiques.

Haut. moyenne, 5 pouces.

361. Papyrus. — Quinze petits manuscrits, com-
posés la plupart de fragments rapportés et collés ensemble.

Haut. moyenne, 5 pouces.

362. Toile. — Un grand et beau manuscrit hiératique
qui entoure les pieds d'une momie.

Haut., 7 pouces.

363. Serpentine dure. — Scarabée funéraire, contenant treize lignes d'hiéroglyphes.

Cette grande et belle amulette est montée en or.

Haut., 3 pouces 1 lig.

364. Jaspe vert. — *Idem* , portant neuf lignes d'hiéroglyphes. La tête de l'insecte est remplacée par une tête humaine, dont les yeux et les sourcils étaient rapportés.

Haut., 2 pouces 8 lig.

365. Jaspe vert varié. — Scarabée, huit lignes d'hiéroglyphes.

Haut., 1 pouce 10 lig.

366. Roche verte. — *Idem*, quatorze lignes d'hiéroglyphes.

Haut., 2 pouces 5 lig.

367. Calcaire. — *Idem*, sept lignes d'hiéroglyphes.

Haut., 2 pouces 9 lig.

368. Roche verte. — *Idem*, huit lignes d'hiéroglyphes.

Haut., 1 pouce 7 lig.

369. Basalte brun. — *Idem*, dix lignes d'hiéroglyphes.

Haut., 2 pouces.

370. Pâte bleue. — *Idem*, dix lignes d'hiéroglyphes.

Haut., 2 pouces 3 lig.

371. Calcaire. — *Idem*, sept lignes d'hiéroglyphes.

Haut., 3 pouces 1 lig.

372. Spath vert ponctué. — *Idem*, dix lignes d'hiéroglyphes.

Long., 1 pouce 8 lig.

373. Serpentine. — *Idem*, cinq lignes d'hiéroglyphes.

Haut., 1 pouce 9 lig.

374. Serpentine dure. — *Idem*, neuf lignes d'hiéroglyphes.

Haut., 1 pouce 8 lig.

375. Serpentine. — *Idem*, sept lignes d'hiéroglyphes.

Haut., 2 pouces 7 lig.

376. Serpentine. — Scarabée portant sept lignes
d'hiéroglyphes.

Haut., 2 pouces 5 lig.

377. Serpentine brûlée. — *Idem*, sept lignes d'hiéroglyphes.

Haut., 1 pouce 6 lig.

378. Pâte bleue. — *Idem*, sur le haut est gravé
un personnage en adoration devant la *bari* de Phré.

Haut., 1 pouce 5 lig.

379. Serpentine. — *Idem*, sept lignes d'hiéroglyphes.

Haut., 1 pouce 11 lig.

380. Serpentine. — *Idem*, sept lignes d'hiéroglyphes.

Haut., 1 pouce 5 lig.

381. Spath vert. — *Idem*, cinq lignes d'hiéroglyphes.

Haut., 1 pouce 2 lig.

382. Roche rougeâtre. — Scarabée à tête humaine;
six lignes d'hiéroglyphes.

Haut., 2 pouces 5 lig.

383. Terre cuite émaillée en bleu foncé. — Scarabée portant une légende de dix lignes d'hiéroglyphes
émaillés en bleu clair.

Haut., 2 pouces 10 lig.

384. Terre émaillée bleue. — *Idem*, contenant sept
lignes d'hiéroglyphes de couleur brune.

Haut., 1 pouce 11 lig.

385. Serpentine. — *Idem*, huit lignes d'hiéroglyphes gravés.

Haut., 2 pouces.

386. Serpentine. — *Idem*, huit lignes d'hiéroglyphes.

Haut., 2 pouces.

387. Roche ponctuée. — Scarabée portant huit lignes d'hiéroglyphes.

Haut., 2 pouces.

388. Serpentine dure. — *Idem*, neuf lignes d'hiéroglyphes.

Haut., 1 pouce 0 lig.

389. Spath vert. — *Idem*, six lignes d'hiéroglyphes.

Haut., 14 lig.

390. Roche verte. — *Idem*, dix lignes d'hiéroglyphes.

Haut., 15 lig.

391. Jaspe vert ponctué. — *Idem*, figures et accessoires gravés au trait.

Haut., 20 lig.

392. Granit noir. — Stèle de forme cintrée.

Un homme debout, adorant la déesse SATÉ (la Junon égyptienne), assise sur un trône, et tenant un sceptre à tête de *coucoupha* (1).

Haut., 8 pouces 4 lig.

393. Calcaire. — Stèle de forme cintrée.

Un homme debout fait une offrande et adore Phré, qui est également debout, et tient le sceptre à tête de *coucoupha*. Entre ces figures sont gravées trois lignes d'hiéroglyphes.

Haut., 1 pied 6 lig.

394. Calcaire. — Fragment supérieur d'une stèle qui représentait la façade d'un *naos*. Au-dessous du titre était sculpté un double tableau représentant Phré et Osiris, debout sous un portique richement décoré, recevant les hommages d'un homme dont il ne reste que peu de vestiges. Aux deux côtés de ce tableau, aujourd'hui réduit à sa partie supérieure, sont gravées

(1) Cette stèle, ainsi que la plus grande partie de celles qui seront décrites, portent des légendes hiéroglyphiques plus ou moins étendues.

des légendes disposées en colonnes. Très-belle sculpture.

Haut., 20 pouces. — Larg., 4 pieds 2 pouces.

395. Calcaire. — Fragment d'un bas-relief.

Un homme et une femme adorant Phré assis sur un
trône. En arrière du dieu, et dans un sens contraire,
est sculpté le bélier, emblème d'Amon-Ra (1), debout
sur un grand piédestal, et près d'un *flabellum* placé
verticalement derrière lui.

Haut., 15 pouces.

396. Calcaire. — Stèle de forme cintrée.

Un homme et une femme adorant Phré debout. Sur
le haut de cette stèle, qui est seulement peinte, se
voit le disque ailé.

Haut., 16 pouces 3 lig.

397. Calcaire. — Partie supérieure d'une stèle de
forme cintrée.

1er Registre. — Divisé en deux tableaux. — Un
homme tenant des tiges de lotus, et, suivi d'une femme
qui élève un sistre, adresse ses hommages à Phré et
à la déesse Hathôr *boucéphale* (2), assis sur des trônes.
Second tableau : Les mêmes personnages adorent Phtha
debout dans un *naos*, et Tméï assise sur un trône.

2e Registre. — Divisé en deux tableaux. — Les
mêmes expriment leurs vœux à deux divinités qui sont
peu reconnaissables. Second tableau : Les mêmes font
leurs dévotions à Osiris et à Isis assis sur des trônes.

3e Registre. — Divisé comme les précédents. — Les
mêmes, devant Thoth-Lunus (3), et une déesse coiffée
du *pschent* (Mouth?). Second tableau : Les mêmes, devant Hôp-Hiooué et Anubis assis sur des trônes.

4e Registre. — En partie fracturé, et divisé comme

(1) Champollion, *Panthéon égyptien*, pl. 2 bis.
(2) *Ibid.*, pl. 18.
(3) *Ibid.*, pl. 30 (A).

les précédents. — Les mêmes adorant quelques divinités, ainsi qu'un roi coiffé en *Socharis*, placé en avant d'une figure qui porte sur sa tête et dans sa légende le signe de l'*occident* (1).

Devant la figure du roi étaient gravés les cartouches, aujourd'hui mutilés, de l'un des princes qui portèrent le nom d'Aménophis (2). Sur le côté opposé se distinguent encore quelques traces du nom d'une reine, précédé du titre de *royale épouse*.

Haut., 1 pied 6 lig.

398. Calcaire. — Stèle de forme cintrée.

1er Registre. — Osiris, assis sur un trône et suivi d'Isis debout, reçoit les hommages et les offrandes d'un homme vêtu de long.

2e Registre. — Une femme et sept hommes dont elle est suivie, se dirigent de droite à gauche, et lèvent les bras en signe d'adoration.

3e Registre. — Trois hommes et cinq femmes qui les suivent, dans la même attitude que les précédents.

Haut., 2 pieds 10 pouces 6 lig. — Larg., 1 pied 10 pouces 6 lig.

399. Calcaire. — Stèle de forme cintrée.

Au-dessus est un globe ailé qui domine la composition suivante :

Un homme debout adore Osiris, Isis et Nephthys. Devant les dieux est placé un autel décoré d'une tige de lotus. Quelques parties sont coloriées en rouge.

Haut., 15 pouces. — Larg., 10 pouces 6 lig.

400. Calcaire. — Stèle de forme cintrée.

Un homme debout adore Osiris, également debout, et tenant ses insignes ordinaires. Au-dessous du champ qui renferme ces figures est peinte une légende en deux lignes et en caractères hiératiques (ou démotiques ?).

Haut., 10 pouces.

____

(1) Champollion, *Grammaire égyptienne*, p. 17.
(2) *Suprà*, p. 21 et 23.

401. Calcaire. — Stèle de forme cintrée.

Un homme, une femme et un enfant adorent Osiris assis sur un trône.

Au-dessous de ce premier tableau, trois hommes et deux femmes accroupis font une offrande à deux époux assis sur des siéges richement décorés.

Hauteur, 15 pouces.

402. Calcaire. — Stèle dont la partie supérieure se termine en forme pyramidale.

En haut, le scarabée *criocéphale* tenant un disque; à ses côtés, deux formes symboliques de l'âme humaine (1).

Au-dessous, une femme tenant un sistre et deux tiges de lotus, adore Osiris debout et tenant ses attributs. Cette stèle est coloriée.

Haut., 13 pouces 3 lig.

403. Calcaire. — Stèle dont le haut se termine en forme pyramidale.

1er Registre. — Un homme et une femme adorant Osiris et Isis.

2e Registre. — Un homme tenant un encensoir et faisant des libations, précède trois femmes qui portent des présents funéraires. Ces personnages se dirigent vers deux époux assis sur des siéges.

3e Registre. — Scène analogue à la précédente.

Haut., 30 pouces.

404. Calcaire. — Stèle double et de forme cintrée.

Phtha debout, et vu de face dans une espèce de niche, reçoit les hommages qui lui sont adressés par un personnage dont la figure est gravée au trait.

Sur le revers, partagé en deux registres, se voient trois figures adorant Osiris, et au-dessous, un homme et une femme adorant Isis.

(1) *Supra*, nos 88 93

Monuments
funéraires.

La tranche supérieure de la stèle est couverte d'une légende hiéroglyphique.

Haut., 18 pouces 6 lig.

405. Calcaire. — Stèle de forme cintrée.

1ᵉʳ Registre. — Un homme agenouillé adore Osiris et un autre personnage assis sur des trônes. Près d'eux sont placés Horus *hiéracocéphale*, et les quatre génies de l'*Amenti* debout sur le calice d'un lotus.

2ᵉ Registre. — Le même homme adorant Isis.

3ᵉ Registre. — Neuf lignes d'hiéroglyphes. Dans l'angle droit du champ inférieur, le même personnage debout paraît faire une allocution.

Haut., 3 pieds. — Larg., 2 pieds 1 pouce.

406. Calcaire. — Stèle de forme cintrée.
Globe ailé dominant le tableau suivant :

Un dieu *lycocéphale* présente un défunt à Osiris, à Isis et à un autre dieu dont la tête est semblable à la sienne. Au-dessous de cette scène et de deux chacals en regard est gravée une inscription grecque. Cette stèle appartient aux bas temps de l'Égypte.

Haut., 11 pouces.

407. Calcaire. — Stèle de forme cintrée.
Registre supérieur. — Un homme suivi d'un enfant adore Osiris assis et précèdant Isis et Horus debout. Sur la tête de ce dernier s'élève un *uræus*.

Registre inférieur. — Deux hommes, trois femmes et une jeune fille marchant à la suite l'un de l'autre.

Haut., 14 pouces 9 lig.

408. Calcaire. — Stèle de forme cintrée et brisée en trois morceaux.
Globe ailé placé au-dessus de la scène suivante et du ciel semé d'étoiles :

Un homme adore Isis et une autre divinité qui est assez peu reconnaissable.

Cette stèle est peinte, et n'offre aucune partie sculptée.

Haut., 10 pouces 10 lig.

409. **Calcaire colorié.** — Stèle de forme cintrée.

Une femme debout, et la tête surmontée d'un attribut funéraire, adore Osiris également debout, et qui tient devant lui un sceptre à tête de *coucoupha*. Entre l'adoratrice et le dieu est placée une table portant les bustes des quatre génies de l'*Amenti*.

Au-dessous de ce tableau sont gravées trois lignes d'hiéroglyphes.

Haut., 10 pouces.

410. **Calcaire.** — Stèle de forme cintrée.

Registre supérieur. — Un homme fait une offrande et adore Osiris assis, suivi d'Horus debout.

Registre inférieur. — Quatre hommes et une femme marchant à la file. Les premiers élèvent les mains en signe d'adoration, tandis que les dernières portent chacune sur l'épaule une tige de lotus.

Haut., 1 pied.

411. **Calcaire.** — Stèle de forme cintrée.

Registre supérieur. — Un homme à demi agenouillé élève les mains vers Osiris, Horus et Isis debout; au-dessous de ce premier tableau sont gravées cinq lignes d'hiéroglyphes.

Registre inférieur. — **Le même personnage fait une offrande et adore le dieu Hop-Hiooué** *lycocéphale*, **et assis sur un trône.**

Haut., 2 pieds 7 pouces.

412. **Calcaire.** — Stèle de forme cintrée.
En haut, le globe ailé.

Registre supérieur. — Isis et Nephthys debout et portant les mains à leur visage, en signe d'une profonde affliction, s'inclinent sur le lit funéraire d'Osiris, près duquel se tient Anubis, également debout; en arrière d'Isis est la figure d'Horus *hiéracocéphale*, et sans attributs.

Cette stèle appartient à l'époque romaine.

Haut., 16 pouces.

413. Calcaire. — Stèle de forme cintrée.

En haut est sculpté un globe ailé, accompagné de deux groupes d'hiéroglyphes.

Au-dessous de ce titre, un homme debout fait une offrande, et adore Isis, Nephthys, et les quatre génies de l'*Amenti*. Le bas du champ est rempli par quatre lignes d'hiéroglyphes.

Haut., 13 pouces.

414. Calcaire. — Stèle de forme cintrée.

Registre supérieur. — Un homme à demi agenouillé adore Osiris assis sur un trône, et qui précède Isis et Horus debout.

Registre inférieur. — Un homme, deux femmes et une jeune fille lèvent les bras en signe d'adoration.

Haut., 13 pouces.

415. Calcaire. — Stèle de forme cintrée.

Un homme, dont la tête est chargée d'un ornement funéraire, fait une offrande, et adore Phré debout.

Au-dessus du champ supérieur sont gravées deux lignes d'hiéroglyphes.

Haut., 7 pouces 8 lig.

416. Calcaire. — Stèle dont la forme est celle d'une porte décorée de deux globes ailés.

Une femme, faisant une offrande, adore Socharis et Isis debout.

Haut., 8 pouces.

417. Dessus d'un sarcophage, en granit rose.

La déesse NETPHÉ *ptérophore*, debout et les bras étendus, domine une grande colonne d'hiéroglyphes, croisée par huit autres légendes en mêmes caractères.

Ce morceau se distingue par une grande pureté d'exécution.

Haut., 6 pieds 10 pouces. — Larg., 28 pouces.

418. Calcaire. — Trois fragments d'une stèle qui représentait des sujets analogues à ceux que l'on retrouve particulièrement sur quelques manuscrits funéraires. On y voit un homme armé d'une lance perçant un crocodile qui détourne la tête; plus bas, le même personnage frappe le serpent APOPHIS, dont le corps se déroule, et qui paraît blessé à mort.

Le champ qui contient ces restes de scènes, est chargé de légendes bien gravées.

Haut., 11 pouces.

419. Fragment d'un bas-relief en calcaire.

Dans un *Naos* soutenu par des colonnes dont les chapiteaux ont la forme d'une fleur de papyrus, est placée la déesse *Thouéris*, suivant un jeune dieu nu, l'*uræus* sur le front, et appuyé sur un sceptre à tête de *coucoupha*. La marche était précédée par une autre déesse à corps d'hippopotame, qui est presque entièrement détruite.

On peut présumer que la droite du tableau contenait la figure de celui qui avait érigé ce monument.

Haut., 6 pouces.

420. Calcaire peint. — Stèle en forme de porte cintrée, contenant la figure d'un homme vu de face, agenouillé, et levant les bras en signe d'adoration.

Haut., 16 pouces.

421. Peinture exécutée sur un morceau de calcaire.

Un homme debout et appuyé sur un bâton est **placé** près de deux vases qui paraissent être soutenus par **une** tablette. Cette figure est en partie entourée **de lé-**gendes hiéroglyphiques peintes en noir.

Haut., 14 pouces.

422. Calcaire. — Stèle en forme de porte **ornée** d'une corniche.

Sur le linteau. — Un homme fait une offrande et adore Anubis sous la forme d'un chacal couché. Sur le même bas relief, et dans un sens opposé, cet homme adresse des prières à Horus, représenté en chacal à tête d'épervier.

Les deux chambranles de ce même portique contiennent des actes d'adoration à Osiris et à Phré. Au centre sont sculptés les sujets suivants :

Registre supérieur, séparé en deux parties. — A la gauche, un homme vêtu de long, adore Osiris debout au centre d'un *Naos*. Dans un sens contraire, le même personnage adore Phré, également placé sous un petit édifice du même genre.

Registre médial. — Deux hommes font une offrande et des libations à deux époux assis sur des siéges.

Registre inférieur. — Sept personnages, dont les six premiers sont réunis deux par deux, s'agenouillent et paraissent accomplir un acte de piété. La base est terminée par une ligne d'hiéroglyphes.

Haut., 4 pieds 4 pouces 6 lig. — Larg., 2 pieds 6 pouces 6 lig.

423. Calcaire peint. — Fragment d'une stèle.

On y voit encore les parties supérieures d'un homme assis et d'une femme debout et richement vêtue. Sur le haut sont les restes de quatre colonnes d'hiéroglyphes. Belle sculpture.

Haut., 20 pouces 6 lig. — Larg., 22 pouces.

424. Calcaire. — Fragment d'une stèle qui conserve des traces de peinture.

Partie inférieure d'un homme debout, vêtu de long, et dont la main gauche tient horizontalement un objet dont le nom et l'usage nous sont inconnus.

Devant lui, à ses pieds, est assise une jeune femme qui se retourne avec grâce en tenant dans ses mains un fruit et une fleur de lotus (1).

(1) Cette femme est assise sur une forme qui est celle du signe *terre*. (Voyez *Grammaire égyptienne*, p. 56.)

Au-dessous de ce tableau, qui est parfaitement bien sculpté, se distinguent quelques vestiges de petites figures à peine reconnaissables.

Haut., 26 pouces. — Larg., 24 pouces.

425. **Basalte verdâtre.** — Au-dessous de la forme symbolique du ciel semé d'étoiles, sont gravées cinq colonnes d'hiéroglyphes, contenant une légende funéraire très-bien conservée.

Cette belle inscription a été trouvée avec les débris de cercueil et les vases funéraires décrits sous les numéros 210 et 299.

Haut., 4 pieds 3 pouces. — Larg., 10 pouces.

426. **Calcaire.** — Stèle en forme de porte surmontée d'une corniche.

En haut, le titre ordinaire, au centre de deux chacals couchés.

Registre supérieur. — Osiris, assis sous un *Naos*, reçoit les offrandes et les adorations de deux hommes vêtus de long.

Registre médial. — Un homme assis reçoit les offrandes et les hommages qui lui sont présentés par un homme et deux femmes.

Registre inférieur. — Entièrement rempli par cinq lignes d'hiéroglyphes.

Haut., 4 pieds. — Larg., 2 pieds 9 pouces.

427. **Calcaire.** — Stèle, forme de porte surmontée d'une corniche couverte de légendes, et par quatre figures, dont l'une est assise et les autres debout.

Haut., 3 pieds 9 pouces 6 lig. — Larg., 2 pieds.

428. **Calcaire colorié.** — Stèle de forme cintrée.

Registre supérieur. — Un homme vêtu du *sabou* adresse la parole à un homme et à une femme assis sur des siéges, et derrière lesquels est une jeune fille debout.

Registre médial. — Trois hommes et deux femmes accroupis à la file, et tenant des tiges de lotus.

Registre inférieur. — Une femme tenant des lotus est accroupie devant un amas d'offrandes.

Haut., 2 pieds 4 pouces.

429. Calcaire. — Stèle de forme cintrée.

En haut, le globe ailé.

Un homme vêtu du *sabou* fait une offrande et une libation devant deux époux assis; sous les siéges de ces derniers sont placés deux enfants.

Au-dessous de ce tableau est gravée une inscription composée de quatre lignes.

Haut., 10 pouces.

430. Calcaire. — Trois fragments d'une stèle sculptée en relief.

Au-dessous de dix colonnes d'hiéroglyphes sont placés en regard deux hommes vêtus de long, portant des cheveux courts, et qui s'appuient sur des bâtons. (L'une de ces deux figures est en partie détruite.)

Haut., 2 pieds 10 pouces — Larg., 1 pieds 6 pouces.

431. Calcaire.   Stèle de forme cintrée.

Registre supérieur. — Un homme vêtu du *sabou* fait une offrande à un personnage assis sur un siége soutenu par des pattes de lion.

Registre inférieur. — Deux hommes accroupis aux côtés d'une table chargée d'offrandes.

Ces tableaux sont séparés par deux lignes d'hiéroglyphes. Des inscriptions en mêmes caractères couvrent le haut et les parties latérales de la stèle.

Haut., 10 pouces. — Larg., 6 pouces 6 lig.

432. Calcaire. — Stèle de forme cintrée, et dont le haut est orné d'un globe ailé.

Un personnage dont la tête est surmontée d'un attribut mystique, et qui tient un petit vase à la main droite, se dirige vers un serpent dressé qui précède

trois dieux dont les attributs sont à peine reconnaissables.

Au bas de cette stèle, qui appartient à la décadence
de l'art égyptien, sont gravées trois lignes de caractères
démotiques.

Haut., 1 pied 10 lig. — Larg., 9 pouces.

433. Calcaire. — Stèle de forme cintrée.

Titre. — Deux chacals en regard et placés sur des
enseignes.

Adoration d'ancêtres. — Deux hommes assis aux
côtés d'une table chargée de trois offrandes. Le reste du
champ est couvert d'inscriptions.

Au-dessous de ce tableau sont quatorze légendes séparées entre elles par des filets.

Haut., 13 pouces. — Larg., 7 pouces 9 lig.

434. Calcaire. — Stèle de forme cintrée.

Adoration d'ancêtres. — Au-dessous de quatre lignes
d'hiéroglyphes est représenté un homme faisant une
offrande à un personnage assis. Derrière ce dernier est
une femme debout.

Au-dessous, et dans des encadrements remplis de légendes, se voient trois figures à demi agenouillées, tenant à la main des tiges de lotus.

Haut., 1 pied 4 lig. — Larg., 8 pouces 6 lig.

**435. Granit rose. — Stèle en forme de porte, sur-
montée d'une corniche.**

Son centre est orné d'un bas-relief représentant un
homme et une femme assis devant un amas d'offrandes.
Le reste du champ est couvert de belles légendes hiéroglyphiques.

Cette stèle est incomplète et brisée en deux morceaux.

Haut., 4 pieds.

**436. Calcaire. — Stèle de même forme que la pré-
cédente.**

Un personnage agenouillé, vu de face, et les bras élevés en signe d'adoration.

Les chambranles et le linteau du portique sont chargés de légendes.

Haut., 15 pouces.

437. Calcaire. — Stèle de forme cintrée.

Un homme vêtu du *sabou* offre des lotus, et fait une libation sur un amas d'offrandes. Cet hommage est adressé à une femme assise, qui tient également une tige de lotus.

Le champ inférieur est rempli par cinq lignes d'hiéroglyphes.

Haut., 21 pouces.

438. Calcaire. — Stèle de forme cintrée.

Titre ordinaire. — Le reste du champ couvert par un texte de douze lignes d'hiéroglyphes.

Dans l'angle droit inférieur est figuré un homme agenouillé et dans l'attitude de l'adoration.

Haut., 20 pouces.

439. Calcaire. — Stèle dont le haut est détruit.

Registre supérieur. — Un homme appuyé sur un bâton, et tenant un *Pat*, reçoit les hommages que lui adressent deux hommes et trois femmes dont les têtes sont fracturées.

Registre inférieur. — Un homme de très-petite taille fait une offrande à deux époux assis sur des siéges. Devant ces derniers personnages est placé un amas d'offrandes.

Cette stèle est d'un beau travail.

Haut., 14 pouces.

440. Calcaire. — Bas-relief de forme rectangulaire.

Au centre, une jeune femme en regard avec une autre femme assise sur un siége à pieds de lion (1).

(1) Ces femmes portent des bonnets semblables à celui de Phtha.

Dans un sens contraire à ce dernier tableau, deux jeunes hommes vêtus du *sabou*, et appuyant leur coude droit sur la paume de la main gauche, se présentent devant un personnage assis. Près de ces deux groupes sont sculptées des légendes assez courtes, mais dans lesquelles se présentent des signes très-rarement observés.

Haut., 17 pouces. — Larg., 28 pouces.

441. **Grès.** — **Fragment inférieur d'une figure agenouillée, tenant devant elle un *Naos* surmonté d'un scarabée, et dont la porte renferme deux femmes accotées l'une à l'autre.**

Plusieurs parties de ce monument sont couvertes de légendes.

Haut., 1 pied 9 pouces.

442. **Calcaire.** — **Stèle de forme cintrée.**

La surface de cette stèle, qui contient trois registres de figures, est très-fruste.

Haut., 1 pied 5 pouces 8 lig.

443. **Calcaire peint.** — **Fragment d'une grande stèle représentant un homme assis devant un amas d'offrandes.**

Haut., 3 pieds 7 pouces 6 lig.

444. **Calcaire.** — **Treize débris de stèles funéraires.**
Haut. moyenne, 8 pouces.

445. **Terre émaillée.** — **Pectoral funéraire, dont le centre est orné d'un scarabée en relief; au revers se voient les figures d'Isis et de Nephthys, l'une et l'autre debout et séparées par cinq lignes d'hiéroglyphes.**

Haut., 3 pouces.

446. **Terre émaillée.** — **Pectoral décoré de la figure d'un chacal couché, surmonté d'un œil humain; au revers est peinte une colonne d'hiéroglyphes, entre deux nilomètres.**

Haut., 2 pouces 6 lig.

447. Bronze. — Seau à lustrations, garni d'une anse mobile, et sur le pourtour duquel sont gravées les scènes suivantes :

I. Un homme vêtu de long fait une libation et présente les parfums à Osiris, à Isis et à Nephthys. Entre le dieu et l'offerteur est une table chargée d'objets différents et recouverts par une tige de lotus. Ce sujet, accompagné de sept groupes d'hiéroglyphes, est séparé du suivant par deux inscriptions verticales en mêmes caractères.

II. Trois hommes vêtus de long, et dont les têtes sont ornées d'attributs funéraires, marchent à la file, appuyés sur des bâtons, vers un autel couvert d'offrandes. Près de chacun d'eux est gravé son nom (1).

Haut. du vase, non compris l'anse, 5 pouces. — Grand diamètre, 3 pouces 9 lig.

448. Bronze. — Deux petits seaux dont le pourtour est décoré de figures en relief.

Haut. moyenne, 3 pouces.

449. Terre émaillée, etc. — Plusieurs colliers funéraires.

Long. moyenne, 2 pieds.

450. Terre émaillée. — Onze bagues et anneaux funéraires.

Diamètre moyen, 7 lig.

451. Une planchette et deux cartonnages peints. (Débris d'un coffret et d'une caisse de momie.)

Haut. moyenne, 7 pouces.

452. Albâtre calcaire. — Deux chevets funéraires.

Haut. moyenne, 7 pouces 4 lig.

453. Bois. — Quatre chevets funéraires.

Haut. moyenne, 6 pouces.

(1) Deux magnifiques vases de ce genre ont été recueillis en Égypte par **Champollion**, et déposés par lui au Musée royal du Louvre.

454. Bois. — Débris d'un coffret funéraire, portant une légende hiéroglyphique peinte en noir (1).

Haut., 2 pouces 5 lig.

455. Bois. — Deux barques funéraires, et quelques débris des figurines qui formaient leur équipage (2).

Long. moyenne, 2 pieds 11 pouces.

456. Bois peint. — Neuf éperviers qui décoraient autrefois des figures funéraires.

Haut. moyenne, 2 pouces 6 lig.

457. Bois. — Deux espèces de bras humains dont l'une des faces est aplatie. D'autres objets de ce genre se trouvent dans les tombeaux, où ils sont ordinairement déposés par paire. Leur emploi est encore inconnu.

Nous croyons pouvoir affirmer que les plus remarquables sont ceux en ivoire déposés au Musée royal par Champollion.

Haut., 6 pouces.

458. Terre cuite. — Quatre cônes dont le dessous est couvert de légendes funéraires.

Haut. moyenne, 8 pouces.

459. Blé, grenades, dattes et autres substances alimentaires, trouvées dans des tombeaux.

La plupart de ces objets sont bien conservés.

460. Terre émaillée. — Petits tubes provenant d'un réseau funéraire.

Ces sortes de réseaux recouvraient des momies.

(1) Cette légende contient un cartouche semblable à celui gravé sur le vase décrit sous le n° 351. On retrouve également cette inscription sur un coffret appartenant à M. Champollion-Figeac.

(2) Une barque de cette forme, et d'une beauté singulière, avait été trouvée en Égypte par Champollion. Elle lui fut volée dans son dépôt à Alexandrie, avec beaucoup d'autres pièces curieuses, parmi lesquelles se trouvait le collier funéraire de la nourrice du roi éthiopien Tharaca. Le Musée de Berlin, et M. Léon de Laborde, possèdent aussi des barques funéraires très-richement ornées et d'une conservation parfaite.

461. Calcaire. — Tête d'Hathòr qui formait l'une des faces d'un chapiteau quadrangulaire.

Haut., 14 pouces 6 lig.

462. Deux briques portant des légendes hiéroglyphiques.

Haut. moyenne, 6 pouces.

463. Bronze. — Huit pièces diverses : parmi elles on distingue les angles d'une corniche en partie émaillée et dorée, un objet enrichi d'une belle tête de lion, des gonds de portes, etc.

Haut. moyenne, 5 pouces.

464. Granit rose. — Table à libations, ornée de sculptures représentant des vases, des pains et des oiseaux.

Haut., 28 pouces 3 lig.

465. Calcaire. — Autre table du même genre, mais à quatre rigoles : son centre est entièrement couvert de légendes hiéroglyphiques.

Haut., 17 pouces.

466. Basalte noir. — Autre table du même genre : on y voit gravés trois vases et quatre pains. Cet objet est en outre garni de deux *augettes*.

Haut., 7 pouces 10 lig.

467. Parallélogramme en albâtre calcaire. — Sur sa face principale, sont gravées neuf lignes d'hiéroglyphes.

Haut., 2 pouces 8 lig.

468. Granitelle noir. — Un vase de forme surbaissée.

Haut., 5 pouces 2 lig.

469. Terre rouge. — Trois vases à une anse, et de forme très-allongée.

Haut., 14 pouces.

470. Quatre éclats de calcaire portant des légendes objets divers. hiératiques peintes en noir.
Haut. moyenne, 5 pouces.

471. Bois. — Figurine représentant un homme debout. Les pieds sont détruits.
Long., 4 pouces.

472. Serpentine. — Deux doigts humains accolés, et qui portent une légende hiéroglyphique (1).
Haut., 2 pouces 6 lig.

473. Verre volcanique, etc. — Trente-cinq autres objets de même forme que les précédents.
Haut. moyenne, 3 pouces.

474. Bronze. — Deux bas de sceptres.
Haut., 6 pouces 5 lig.

475. Calcédoine. — Scarabée dont la gravure représente un vautour debout sur le dos d'un oryx couché.
Long., 5 lig.

476. Terre émaillée. — Trois petites sphères creuses, et divisées par côtes de deux couleurs.
Diamètre, 1 pouce 6 lig.

477. Serpentine et roche émaillée. — Un sceau et deux scarabées gravés.
Long. moyenne, 2 pouces.

478. Deux morceaux de couleur bleue.

479. Deux crocodiles embaumés.
Long. moyenne, 5 pieds 6 pouces.

480. Un cynocéphale embaumé.
Haut., 26 pouces.

481. Deux momies de chats enveloppés de toile.
Haut. moyenne, 17 pouces.

(1) L'usage de ces objets n'est pas encore connu. Quelques personnes présument qu'ils ont pu servir de polissoirs.

482. Bois. — Forme de chat assis, contenant la momie d'un de ces animaux.

Haut., 11 pouces 8 lig.

483. Momie d'un petit veau entouré de roseaux et recouvert d'une enveloppe en toile.

Haut., 1 pied 9 pouces 6 lig.

484. Terre cuite. — Trois vases de forme allongée, et qui doivent renfermer des momies d'ibis.

Haut. moyenne, 15 pouces.

485. Terre émaillée. — Sept *spintriennes*.

Long. moyenne, 1 pouce 6 lig.

486. Terre émaillée. — Vingt-quatre amulettes de forme ovale, et qui la plupart sont gravées des deux côtés.

Long. moyenne, 5 lig.

487. Terre émaillée. — Quatre amulettes gravées. Leur forme supérieure est celle du poisson nommé *tétrodon*.

Long. moyenne, 4 lig.

488. Terre émaillée. — Quatre amulettes gravées. **Le** dessus représente en relief le masque d'un Africain.

Long. moyenne, 5 lig.

489. Matières diverses. — Dix-sept amulettes gravées. Forme rectangulaire.

Long. moyenne, 7 lig.

490. Terre émaillée. — Vingt-cinq amulettes gravées. Forme ovale allongée.

Long. moyenne, 6 lig.

491. Terre émaillée. — Vingt-trois amulettes gravées. Forme de lion, de sauterelle, d'oie, etc.

Long. moyenne, 6 lig.

492. Terre peinte. — Vase à une anse. Sur son goulot sont peintes deux petites colonnes d'hiéroglyphes.

Haut., 8 pouces.

493. Émaux de diverses couleurs. — Sept pièces : Objets divers.
parmi elles sont un scarabée et deux masques humains.

Haut. moyenne, 16 lig.

494. Plusieurs pièces de toiles de grandeur et de
qualité différentes.

495. Un grand nombre d'amulettes et d'autres objets en terre émaillée, bronze, bois, etc.

MONUMENTS GRECS ET ROMAINS.

496. Marbre blanc (1). — Tête de Jupiter. Frag-Statuaires,
plastique, etc.
ment.

Haut., 10 pouces 8 lig.

497. Marbre blanc. — Buste de Jupiter-Sarapis. Ce
buste repose sur son socle antique.

Haut., 8 pouces 7 lig.

498. Terre cuite. — Douze pièces : tête de Jupiter,
Isis vêtue de la *calasiris*, un sphinx, etc.

Haut. moyenne, 2 pouces.

499. Basalte vert et serpentine. — Tête de Sarapis.
Tête de femme. Fragment d'une figure d'Isis de travail
romain.

Haut. moyenne, 2 pouces 6 lig.

500. Figurine en bronze. — Vénus *anadyomène*,
debout. La jambe gauche de cette figure est rompue.

Haut., 8 pouces 9 lig.

501. Marbre blanc. — Statue représentant Vénus sor-
tant du bain. La déesse, appuyée sur un hermès *ithy-

(1) Les personnes qui ont visité les nombreuses et anciennes carrières
éparses sur le sol de la Grèce, concevront avec nous combien il est souvent
hasardeux de vouloir appliquer un nom d'origine aux marbres statuaires
dont sont formées la plupart des sculptures antiques que nous possédons.

phallique (1), élève et chausse d'une sandale son pied gauche, qui est appuyé sur la queue d'un dauphin.

Cette figure, dont le mouvement est plein de grâce, a éprouvé quelques fractures qui paraissent être anciennes, ainsi que leurs restaurations.

Trouvé à Zifthé, lieu voisin des ruines d'Athribis, ville située sur la branche pélusiaque du Nil.

Haut., 16 pouces.

502. Figurine en bronze. — Vénus debout, et qui paraît avoir tenu les attaches de son diadème. Les deux pieds de cette jolie figure sont détruits; ses bouts de sein sont en cuivre rouge.

Haut., 5 pouces 8 lig.

503. Marbre blanc. — Partie supérieure d'une statue représentant l'Amour debout, la tête couverte d'une peau de lion, et l'épaule droite chargée d'une massue.

Parmi les ouvrages anciens qui rappellent le souvenir des faiblesses d'Hercule, on voit ce héros, qui avait soutenu le ciel (2), courbé péniblement sous le poids de l'Amour, qui le domine et paraît insulter à sa honte (3). Quelquefois aussi, et par suite du même sujet, le fils de Vénus, fier de sa victoire, se montre, ainsi que nous l'offre cette figure, orgueilleusement paré des dépouilles de l'amant d'Omphale (4). Ces

(1) Vénus, près d'un hermès de ce genre, se retrouve dans une petite statue de la galerie de M. le comte de Pourtalès-Gorgier, ainsi que sur une pierre gravée qui a été publiée. (Voyez *Museum florentinum*, t. 1, tab. 83, n° 5.)

(2) Apollodore, liv. 11, § 11.

(3) *Museum florentinum*, t. 1, tab. 38, n°s 2, 3, 4, 6. — Winckelmann, *Catalogue de Stosch*, n°s 1785, 1786. — Raspe, *Catalogue de Tassie*, n° 5993.

(4) M. de Clarac, *Musée de sculpture antique*, pl. 282, n°s 1477 et 1478; *ibid.*, pl. 648, n° 1476. — Carlo-Féa, *Viaggio ad Ostia*, p. 75. — Leblond et de la Chau, *Cabinet d'Orléans*, t. 1, pl. 35. — *Le Antichita di Ercolano*, t. vi, tav. 19. — *Musée Worsley*, cahier iv. — Winckelmann, *Catalogue de Stosch*, n°s 727, 728, 729, 730.

sortes de compositions, qui devaient offrir les contrastes les plus complets de forme et d'expression, paraissent avoir été fréquemment traitées par les artistes grecs, qui les ont toujours heureusement conçues, et généralement bien exécutées.

Haut., 2 pieds 4 pouces.

504. **Figurine en bronze.** — L'Amour debout, et tenant de la main droite une espèce de bouteille.

Haut., 4 pouces 4 lig.

505. **Figurine en bronze.** — L'Amour, les mains liées derrière le dos. Une statue du musée du Vatican (1), un bronze du cabinet des antiques de la Bibliothèque royale, et quelques pierres gravées (2), représentent le même sujet.

Haut., 1 pouce 7 lig.

506. **Bronze.** — Statue représentant un jeune homme debout et nu, la tête détournée à droite, les bras légèrement fléchis en avant, et la jambe gauche un peu inclinée en signe de repos. Sa tête est ceinte d'un lien tordu, et sa chevelure, dont quelques masses forment un nœud au-dessus du front, se déroule à demi bouclée sur son cou (3).

L'ouvrage que nous décrivons, et qui appartient incontestablement à l'une des plus brillantes époques de l'art, offre une combinaison heureuse de noblesse et de grâce, qui se refuse à toute espèce d'analyse, mais dont l'ensemble est plein d'élégance et d'harmonie. La *cornée* de ses yeux, rapportés en feuilles d'argent, et ses mamelons incrustés en cuivre rouge, rappellent le mode d'exécution de ces images célèbres dans lesquelles

(1) M. de Clarac, *Musée de sculpture antique*, pl. 648, n° 1481.
(2) *Museum florentinum*, t. 1, tab. 86, n°s 7 et 9; *ibid.*, tab. 89, n°s 4 et 5. — Winckelmann, *Catalogue de Stosch*, n°s 852-856. — Raspe, *Catalogue de Tassie*, t. 1, n° 7096.
(3) Cette coiffure est celle d'un beau fragment de statue connue sous la dénomination d'*Amour grec* (Visconti, *Museo Pio Clementino*, t. 1, tab. 12), et d'une autre figure conservée au musée Bourbon, à Naples.

Statuaire,
plastique, etc

les plus habiles statuaires employaient, par une entente d'effet bien calculé, des substances de couleurs diverses et des métaux différents.

Cette magnifique statue, qui, à peine sortie de la terre, va occuper désormais un rang si distingué parmi le peu de grands bronzes antiques parvenus jusqu'à nous (1), représente une de ces divinités que l'imagination des poëtes rêvait sous les formes les plus pures, et qui resteront toujours pour les artistes les types de la jeunesse et de la beauté. La disposition particulière de sa chevelure, qui ne permet pas d'y voir le messager des dieux, semble y faire reconnaître le fils de Latone, ou bien plutôt encore l'Amour *aptéros* (2), tel que les Grecs l'ont quelquefois figuré. Dans l'une et l'autre supposition, on pourrait croire aussi que ses mains étaient armées d'un arc et d'une flèche, attributs communs à ces deux créations mythologiques, et qui souvent même servent seuls à les faire reconnaître sur un assez grand nombre de médailles et de pierres gravées.

Ce bronze, très-supérieur à l'Apollon doré trouvé à Lillebonne (3), a été fondu en neuf parties, dont l'épaisseur est d'environ une ligne (4). Les sutures de ces pièces

(1) Le nombre des figures antiques en bronze qui atteignent ou qui dépassent la hauteur ordinaire de l'homme, s'élève à peine à vingt. Toutes, à l'exception de trois ou quatre, sont conservées dans les collections d'Italie.

(2) Ou *sans ailes.*

(3) Ce n'est pas sans un grand étonnement que nous avons entendu exprimer le regret que notre figure ne fût pas dorée. La seule réponse qu'on puisse faire à cette étrange *chrysosimanie* se trouve formulée dans le passage suivant, où Pline énumère les ouvrages de Lysippe : « il fit aussi beaucoup de statues d'Alexandre le Grand, à commencer dès l'enfance de ce prince. Néron, charmé de la beauté d'une de ces statues, la fit dorer ; mais le prix que la dorure y avait ajouté ayant fait perdre les finesses de l'art, on enleva l'or, et, dans cet état, on la trouva plus précieuse, quoique l'on voie encore les hachures et les cicatrices qu'on avait faites pour fixer l'or sur le bronze. » (*Hist. Nat.*, liv. XXXIV, ch. 8, § 6, traduction de Falconet.)

(4) A l'exception des mains, qui sont pleines. Ce bronze, avant sa restauration, ne pesait que soixante-neuf livres, ce qui peut faire admettre l'histoire de Milon, qui porta, dit-on, sa propre statue en bronze dans l'Altis d'Olympie. (PAUSAN., *Élide* II, ch. 14. — PHILOSTRATE, *Vie d'Apollonius*, liv. IV, ch. 28.)

rapportées à *battes*, et avec une admirable précision, n'ont pu être aperçues qu'à l'aide de la fracture des bras et des jambes, et en introduisant une lumière dans l'intérieur de la statue.

Une partie de la jambe droite, le bas de la jambe gauche, les deux pieds, et enfin la plinthe de cette figure, ont été immédiatement fondus par les Arabes qui en firent la découverte. Les deux bras avaient été anciennement détachés par suite d'une chute, et deux doigts de la main droite se trouvaient détruits.

Ces diverses mutilations nécessitaient des réparations urgentes, qui ont été très-heureusement exécutées par M. Husson, sculpteur d'un très-beau talent, expensionnaire de l'Académie de France à Rome, sous la direction spéciale de M. Delafontaine, lui-même artiste, et l'un de nos fondeurs les plus distingués.

Trouvé à Zifteh.

Haut. au-dessus de la plinthe, 4 pieds 10 pouces 3 lig.

507. **Marbre blanc.** — Tête d'Apollon; fragment d'une statue.

Haut., 11 pouces.

508. **Marbre blanc.** — Statue *acéphale* représentant un dieu debout, et à demi couvert d'une draperie qui recouvre ses cuisses, une partie de ses jambes et son bras gauche. La main du même côté tient ensemble une espèce de lien orné d'une étoile, ainsi que le bout d'un cep de vigne, et s'appuie sur une massue posée sur la peau d'un lion. Le bras droit, qui était levé, est détruit; les pieds sont séparés de la statue.

Cette figure, qui paraît avoir été composée d'après des idées particulières aux Grecs de l'école d'Alexandrie, est d'un travail large de masse, mais un peu sec et découpé dans quelques-uns de ses détails.

Trouvé à Alexandrie d'Égypte.

Haut. au-dessus de la plinthe, 5 pieds 1 pouce 11 lig.

509. **Marbre blanc.** — Statue *acéphale* représentant

11

un homme vêtu d'une tunique et d'une ample draperie qui recouvre ses bras jusqu'à la naissance des poignets.

Ce personnage, auquel on ne peut appliquer aucun nom particulier, porte sa main droite à demi fermée sur sa poitrine, et tient de la gauche, qui est pendante, un *volumen* roulé. A côté de son pied droit est sculpté un *scrinium* (1) chargé de huit rouleaux semblables à celui que nous venons d'indiquer.

Cette figure, trouvée sur l'emplacement présumé du *Panium*, à Alexandrie, peut représenter un auteur ancien, ou peut-être seulement un de ces magistrats locaux, dont les statues, assez nombreuses, sont toujours accompagnées des mêmes attributs (2).

Haut., y compris la plinthe, 3 pieds 3 pouces 6 lig.

510. Marbre blanc. — Fragment inférieur d'une statue d'homme dont les jambes sont nues et accompagnées de quelques restes de draperie. Beau travail.

Haut., 3 pieds 3 pouces.

511. Marbre blanc. — Fragment d'une petite figure d'Hygiée.

Haut., 10 pouces 10 lig.

512. Granitelle noir. — Deux têtes mutilées.

Haut. moyenne, 8 pouces.

513. Marbre blanc. — Buste cuirassé d'un homme imberbe, qui peut être Domitien.

Haut., 15 pouces 6 lig.

514. Marbre blanc.—Fragment d'une statue, buste, têtes, et débris divers (en tout vingt-sept pièces).

Haut. moyenne, 1 pied.

515. Marbre blanc. — Chapiteau de pilastre, dont le haut est orné d'une figure de femme tenant une guirlande.

Haut., 11 pouces 6 lig.

(1) Sorte de coffret où l'on renfermait les livres.

(2) La plupart des statues placées jadis sous les portiques du palais des Tuileries, appartiennent à ce dernier genre d'ouvrages.

516. Bronze. — Une très-jolie lampe, dont le dessus est formé par le masque d'un jeune satyre. Cet objet, qui a été *ciselé* avec beaucoup d'art, n'a perdu que son fond.

Long., 4 pouces 10 lig.

517. Bronze. — Deux lampes, dont l'une est fracturée.

Long. moyenne, 4 pouces.

518. Bronze. — Lampe, dont l'anse est ornée d'un croissant.

Long., 4 pouces 5 lig.

519. Terre cuite. — Lampe dont le dessus est formé par le visage d'un vieux satyre.

Long., 3 pouces 3 lig.

520. Terre cuite. — Cinquante-quatre lampes.

Long. moyenne, 2 pouces.

521. Bronze. — Lampe dont l'anse est surmontée d'une croix.

Long., 3 pouces 8 lig.

522. Bronze. — Deux griffes surmontées de figures. Ces objets servaient de pieds à des meubles qui sont maintenant détruits.

Haut. moyenne, 2 pouces 6 lig.

523. Bronze. — Vingt-six pièces : anse de vase sur laquelle est figuré Bacchus debout, tête de bœuf, deux espèces de *couffes* suspendues à un bâton, un aigle, etc.

Haut. moyenne, 2 pouces 6 lig.

524. Bronze. — Ornement d'applique, composé d'un masque barbu placé au-dessus d'enroulements et de palmettes.

Haut., 5 pouces 2 lig.

525. Bronze. — Un grand nombre de débris, figurines, ornements, etc.

526. Serpentine. — Un chien couché.

Long., 2 pouces 6 lig.

Mélanges.

527. Verre. — Vase à une anse, et qui semble être à demi enfoncé dans une espèce de coupe.

Haut., 4 pouces 2 lig.

528. Verre. — Quatre vases de la forme de ceux que l'on nomme improprement *lacrymatoires*.

Haut. moyenne, 5 pouces.

529. Terre cuite peinte. — Coupe grecque garnie d'un couvercle orné de deux têtes de femme.

Diamètre, 4 pouces 2 lig.

530. Terre cuite. — Cinq espèces de petites gourdes de forme aplatie, décorées d'empreintes en relief.

Haut. moyenne, 2 pouces.

531. Terre cuite. — Vases de formes diverses, débris de figurines, etc.

532. Terre cuite. — Un grand vase sur lequel sont peints des oiseaux et des ornements divers. (Ce vase est brisé en plusieurs morceaux.)

533. Terre cuite. — Une espèce de *bardaque*, ornée de plusieurs cercles de couleurs différentes.

Haut., 1 pied.

534. Bois. — Quatre bâtons trouvés dans des tombeaux.

Inscriptions, etc.

535. Marbre blanc. — Autel de forme ronde, orné de moulures et garni d'un foyer. Sur l'une de ses faces, qui est bien conservée, se lit l'inscription suivante (1) :

Ἀπόλλωνι καὶ Κόρη,	« A Apollon et Proserpine,
Ἀπολλώνιος καὶ	Apollonius et Apollodore,
Ἀπολλόδωρος, εὐχήν.	en accomplissement d'un vœu. »

Haut., 6 pouces 4 lig.

(1) Nous devons à M. Letronne la lecture et la traduction des inscriptions qui suivent, ainsi que la note sur le papyrus décrit sous le n° 541.

536. Grès. — Sur un bloc de forme rectangulaire. Inscript., etc.

<table>
<tr><td>

Ἔτους ΑΙ [Τιβερί
ου] Καίσαρος
αὐτοκράτορος
σεβαστοῦ, ἐπὶ
Οὐϊτρασίου
Πολίωνος
ἡγεμόνος,
Ῥαγωνίου Κέλερος
ἐπιστρατήγου
Λογγῖνος κεντυρί[ων]

</td><td>

« L'an xiv de [Tibère] César,
empereur Auguste, Vitra-
sius Pollion étant épistra-
tège, Longinus, centurion
(a élevé ce monument). »

N. B. Vitrasius Pollion fut préfet d'Égypte
sous le règne de Tibère : il y mourut en 785
(32 de J.-C.), l'an 19 de ce prince. On voit
d'après notre inscription qu'au moment de sa
mort il était en fonction au moins depuis cinq
ans.

</td></tr>
</table>

Haut., 3 pieds 2 pouces.

537. Sur un cippe en granit rose. — Inscription en
dix-sept lignes, contenant la dédicace des carrières de
Syène, à Chnubis et à Saté (Jupiter Ammon et Junon),
sous le règne de Septime-Sévère, Subatianus Aquila
étant préfet d'Égypte.

> *Jovi Optimo Maximo* Chnubidi, Junoni reginae, quorum
> sub tutela hic mons est;
> Quod primiter sub imperio populi Romani, felicissimo sae-
> culo Dominorum nostrorum imperatorum Severi et Anto-
> nini piissimorum Augustorum, et [Getae piissimi] Caesaris
> et Juliae Domnae Augustae, matris Kastrorum ;
> Juxsta Philas novae lapicaedinae adinventae, tractaeque sunt
> parastaticae et columnae grandes et multae ;
> Sub Subatiano (1) Aquila, praefecto Aegypti ; curam agente
> operum dominicorum, Aurelio Heraclida decurione **Alae
> Maurorum.**

Cette belle inscription, copiée par MM. Caillaud et
Belzoni (2), a été publiée par M. Letronne (3), et ensuite par M. Labus (4).

Haut., 2 pieds 8 pouces.

538. Sur un cippe en marbre gris.

<table>
<tr><td>

Βάσσος
Στράτω-
νος ἐπι-
μελητὴς

</td><td>

τοῦ τόπου
ἀνέθηκε
ἐπ' ἀγαθῷ.

</td><td>

« Bassus, fils de Straton, épi-
mélète du lieu, **a dédié**
[ce monument] **pour une**
bonne réussite. »

</td></tr>
</table>

Haut., 3 pieds 6 pouces.

(1) Ou *Sub Atiano*, si l'on admet que *Sub* a été répété deux fois **par erreur.**

(2) Belzoni, *Voyage*, etc., t. 1, p. 270.

(3) *Recherches pour servir à l'histoire de l'Égypte*, p. 361.

(4) *Di un' epigrafe latina.* Milano, 1826.

539. Bois. — Inscription gravée sur une plaque en forme de tessère.

Cette plaque a dû servir d'étiquette à une sépulture. D'un côté est écrit à l'encre en lettres cursives : Παννγιρις ως και Βερενικης. De l'autre, on lit la même inscription gravée en capitales, ΠΑΝΗΓΥΡΙϹ ΩϹ ΚΑΙ ΒΕΡΝΙΚΗϹ. L'auteur de l'écriture a fait deux fautes d'orthographe, dans le premier nom, par la substitution de l'Υ et de l'Ι à l'Η et à l'Υ ; ces deux fautes tiennent à l'*itacisme*, ou à la prononciation identique des lettres Η, Υ et Ι. Dans l'inscription gravée on a oublié un Ε au mot ΒΕΡΕΝΙΚΗϹ. Dans toutes les deux il y a une faute de langue. Παννήγυρις au lieu de Παννηγύριος, car le sens paraît ne pouvoir être que « [tombeau] de Panégyris aussi bien que de Bérénice [Παννηγύριος ὡς καὶ Βερενίκης].

Larg., 5 pouces 6 lig.

540. Sur un fragment en basalte vert.

.....ΟΣ ΔΙΟΓΕΝΟΥΣ ΠΡΕΣΒ....

Larg., 9 pouces 3 lig.

541. Papyrus. — Fragment d'un manuscrit grec, en lettres onciales, et dont le sujet est astrologique.

Ce manuscrit, divisé en un grand nombre de morceaux qui ne sont point encore assemblés, est *opistographe*, et divisé en colonnes de texte mêlé de quelques figures de formes monstrueuses, et d'une exécution tout-à-fait barbare.

Haut. moyenne, 9 pouces. — Larg. encore inconnue.

542. Argent. — Dix médailles grecques (Athènes, Corinthe, Sicyone, Locride, Alexandre, etc.).

543. Médaille en or. — Tête de Ptolémée I, *Soter*, à droite, avec l'égide nouée autour du cou (1).

Revers. — Aigle sur un foudre; à gauche, autour du champ, ΠΤΟΛΕΜΑΙΟΥ ΒΑΣΙΛΕΩΣ — 1½ module.

(1) **Pour** cette médaille et les deux suivantes, voyez Mionnet, *Description des médailles antiques*, t. VI, pages 2, 13 et 17.

544. Médaille en or. — Tête diadémée et voilée d'Arsinoé, femme de Ptolémée Philadelphe, tournée à droite.

Revers. — Double corne d'abondance, autour de laquelle est noué un diadème; autour du champ, ΑΡΣΙΝΟΗΣ ΦΙΛΑΛΕΛΦΟΥ. — Belle conservation.

545. Médaille en or. — Têtes accolées et diadémées de Ptolémée *Soter* et de Bérénice; à droite, derrière un fer de lance; au-dessus, ΘΕΩΝ.

Revers. — Têtes accolées et diadémées de Ptolémée *Philadelphe* et d'Arsinoé.

Cette médaille, restituée par Ptolémée III, a pour légende ΑΛΕΛΦΩΝ. Sa conservation est fort belle.

546. Médaille en argent. — Tête d'Antiochus Épiphane, au revers de Jupiter debout.

547. Bronze. — Trente-deux médailles des Ptolémées; tête de Jupiter au revers d'un aigle, etc.

548. Argent. — Vingt-six médailles (Néron, Trajan, Marc-Aurèle).

549. Argent. — Vingt-six médailles (Néron, Trajan, Marc-Aurèle, Septime-Sévère, etc.).

550. Potin. — Vingt-deux médailles impériales, frappées en Égypte (Tibère, Hadrien, Septime-Sévère, etc.).

551. Argent. — Cinq médailles parthiques.

552. Grand médaillon en or. — Tête de Dioclétien, nue, portant des cheveux courts, et tournée à droite. Autour du champ : IMP. C. C. VAL. DIOCLETIANVS P. F. AVC.

Revers. — Jupiter assis sur un trône richement orné, tourné à gauche. La main droite du dieu s'appuie sur une haste, et la gauche tient un foudre. A ses pieds est un aigle qui le regarde et tient à son bec une couronne.

Autour du champ on lit : IOVI. CONSERVATORI.

 l'exergue, ALE, pour *Alexandria*, où cette médaille a été frappée.

Ce magnifique médaillon, d'une antiquité indubitable, est unique, inédit, et de la conservation la plus remarquable. Son diamètre est de seize lignes et demie, et son poids est de 1 once 5 gros 54 grains.

553. Médaille en or. — Tête de Constantin Ier, laurée et tournée à droite. Autour du champ : CONSTANTINVS. P. F. AVG.

Revers. — L'empereur debout et vêtu de la toge, portant un globe et le *parazonium*; dans le champ : Q. II; à l'exergue, SMAI; dans la légende, CONSVL. P. P. PROCONSVL. D. N.

554. Médaille en or. — Tête de Valentinien Ier, ceinte d'un large diadème, dans la légende, VALENTIANVS. P. F. AVG.

Revers. — L'empereur debout, armé et détournant la tête à droite, tient d'une main le *labarum*, et de l'autre une Victoire posée sur un globe; à l'exergue, ANTII; dans le champ, une croix; dans la légende, RESTITVTOR. REIPVBLICAE.

555. Médaille en or. — Tête diadémée d'Anastase I, tournée à droite. Autour du champ, ANASTASIVS. P. P. AV.

Revers. — La Victoire, passant à droite, tient une couronne et le globe surmonté d'une croix; à l'exergue, CONO; autour du champ, légende peu lisible et surfrappée.

556. Médaille en or. — Tête diadémée de Justinien Ier, tournée à droite; dans la légende, D. N. IVSTINIANVS. P. F. AVG.

Revers. — La Victoire debout, tournée à gauche, tenant une couronne et un globe surmonté d'une croix; à l'exergue, CONOB; dans la légende, VICTORIA. AVGVSTORVM.

557. Médaille en or. — Buste de Phocas, vu de

face et portant un diadème surmonté d'une croix. La Médailles.
main droite de l'empereur tient également une croix.
Légende : D. N. FOCAS. PER. AV.

Revers. — La Victoire vue de face, tenant le *labarum* et le globe surmonté d'une croix. A l'exergue, CONOB; dans la légende, VICTORIA. AVG.

558. Bronze. — Un grand nombre de médailles, la plupart romaines, de types et de modules différents.

559. Jaspe rouge intaille.—Buste de Jupiter Sarapis Pierres gravées. vu de profil. Autour du champ se lit cette inscription déjà connue par d'autres pierres gravées (1) :

ЄIC ZЄYC CAPAΠIC.

Haut., 6 lig.

560. Sardoine intaille. — Tête d'Isis vue de profil. Travail romain, monture moderne en bague d'or.
Haut., 6 lig.

561. Prime d'émeraude intaille. — Isis debout, tenant un sceptre et la croix ansée. Autour du champ est gravée une inscription grecque. Monture moderne en bague d'or.
Haut., 6 lig.

562. Améthyste intaille. — Esculape et Hygiée debout l'un à côté de l'autre. La tête du dieu est fracturée. Monture moderne en bague d'or.
Haut., 7 lig.

563. Sardonyx, camée. — Les trois Grâces groupées ensemble. Sur le bord du champ est gravée en relief une inscription grecque très-mutilée.
Haut., 8 lig.

564. Sardoine. — Fragment supérieur d'une intaille, représentant la Victoire conduisant un quadrige. Sur le haut du champ est placé en ligne horizontale le

(1) Raspe, *Catalogue de Tassie*, nᵒˢ 1471 et 1474.

12

nom de Simus (CIMOC), qui peut être celui d'un graveur ancien encore inconnu (1).

Cet ouvrage, d'un travail assez médiocre, est exécuté sur une fort belle matière.

Larg., 8 lig.

565. Grenat intaille. — Un masque imberbe et vu de profil. Monture moderne en or.

Haut., 6 lig.

566. Niccolo intaille. — Assemblage de deux masques, l'un imberbe et l'autre barbu. Cette pierre est fendue. Monture moderne en bague d'or.

Haut., 5 lig.

567. Cornaline intaille. — Tête inconnue vue de profil. Monture moderne en bague d'or.

Haut., 4 lig.

568. Cornaline, jaspe, hématite. — Neuf intailles basilidiennes, chargées de figures et d'inscriptions.

Haut. moyenne, 9 lig.

569. Matières diverses. — Soixante-dix-neuf pierres gravées et pâtes, la plupart antiques et de proportions différentes.

570. Or. — Boucle d'oreille représentant un génie ailé, tenant de la main droite une coquille, et de l'autre main un objet qui nous est inconnu. L'anneau de ce bijou est perdu.

Haut., 13 lig.

571. Or repoussé. — Amulette à deux bélières, représentant quatre divinités debout et placées sur un même rang.

Haut., 6 lig.

(1) Parmi les marbres que nous avons apportés de la Grèce, se trouve l'inscription d'une statue de Bacchus, faite par un sculpteur du nom de Simus (*Catalogue Choiseul*, n° 676). Ce fragment est conservé au Musée royal du Louvre.

572. Or. — Un homme debout, portant une cui- Bijoux
rasse et un bouclier. Débris d'un bijou.

Haut., 6 lig.

.573. Bronze. — Trois bagues : deux d'entre elles
portent sur leur chaton le buste de Sarapis; la troisième est ornée d'une figure d'Horus Harpocrate.

Diamètre moyen, 10 lig.

MONUMENTS COPHTES.

574. Livre en carton de papyrus. — Sur l'extérieur
de sa couverture, qui est revêtue d'une peau fine et
de couleur brune, sont frappés des ornements et des
légendes; ces dernières donnent le nom d'*Ezéchiel de
Paphnuce*, et celui d'un saint abbé, Ananias, propriétaire présumé de ce livre.

A l'intérieur, où l'on remarque encore quelques ar-
rachements de feuillets offrant une belle écriture, **on**
lit deux notes semblables à celles qui se rencontrent
sur les livres cophtes qui ont passé par les mains **de**
divers propriétaires. La première est d'un nommé **Da-**
mien, qui *prie ses frères en religion d'appeler la paix
sur lui ;* l'autre prière est adressée au *dieu du* **saint**
abbé Ananias, l'inspiré de l'Esprit saint. Deux **figures**
d'oiseaux, très-grossièrement dessinées, sont placées **sur**
le côté opposé à ces inscriptions (1).

Haut., 1 pied.

575. Rouleau de papyrus composé de fragments ir-
réguliers de plusieurs écritures; on présume que ce

(1) Ces renseignements sont dus à l'obligeance de M. Dujardin, **savant la-**
borieux et modeste, qui s'occupe avec un grand succès de la lecture **et de l'in-**
terprétation des manuscrits égyptiens en caractères démotiques.

rouleau, qui est en mauvais état, contient quelques parties d'homélies.

Haut., 7 pouces.

MONUMENTS ARABES.

576. Verre. — Forme de monnaie portant une inscription cuphique dont voici la traduction : « Par ordre de Obeyd-Allah, fils d'Alkhebkhab : ceci a la valeur d'un *folous* ou de vingt *kharouba* de poids » (1).

Obeyd-Allah était intendant des finances de l'Égypte dans le VIIIe siècle de notre ère.

Diamètre, 1 pouce.

577. Or. — Huit monnaies arabes de modules différents, frappés au Caire et à Damas, sous les règnes de Mostansir-Billah, Bibars, Elcaïm Biemrillah, etc.

Diamètre moyen, 7 lig.

578. Cornaline, lapis, etc. — Quatre intailles contenant des inscriptions cuphiques.

Long. moyenne, 7 lig.

579. Bronze. — Miroir dont le revers est orné d'un bas-relief représentant un prince ou émir arabe monté à cheval, et tenant un oiseau de proie sur la main. autour du champ est placée une inscription cuphique qui contient des vœux pour le propriétaire de cet objet.

Diamètre, 4 pouces 11 lig.

580. Marbres divers. — Dix pierres tumulaires char-

---

(1) Ce verre est semblable à celui qui fait partie du Musée Nani, et qui a été publié par Tychsen, dans son *Introductio in rem nummariam, additamentum*, p. 100.

Le Musée du Louvre possède une fort belle suite de tessères et de monnaies de ce genre.

Les monnaies du Louvre et les divers monuments arabes décrits dans la présente notice, ont été lus et expliqués par M. Reinaud, qui a bien voulu nous permettre de profiter de son travail.

gées de légendes, contenant les noms des personnages
à qui elles furent érigées, et quelques sentences pieuses
extraites de l'*Alcoran*.

Parmi les dates gravées sur ces monuments funéraires, on en remarque cinq correspondant aux années
chrétiennes 859, 946, 1007, 1029, 1092.

Haut. moyenne, 16 pouces.

MÉLANGES.

581. Peinture à l'huile. — Portrait de David Te-
niers, peint par lui-même, et porté en bague par sa
première femme, Anne Breughel, fille de Breughel,
dit *de Velours*, pupille de Rubens et de Van Baelen.

Cette bague curieuse, restée dans la famille de Té-
niers, fut offerte à l'impératrice Joséphine pendant son
voyage en Belgique. Depuis, cette princesse en fit don
à M. de Marescalchi, alors ministre des relations extérieures du royaume d'Italie, qui, plus tard, en fit pré-
sent à M. Mimaut, secrétaire général du même ministère.

Ce portrait, recouvert d'un cristal, est monté en
bague d'or.

Haut., 9 lig. — Larg., 7 lig.

582. Pupitre en ébène, incrusté d'ornements et de
plaques d'ivoire. Parmi les sujets gravés sur ces dernières, se remarquent particulièrement plusieurs sujets relatifs à la vie de Samson.

Cet objet, d'ancien travail italien, est parfaitement
conservé.

Long., 17 pouces 3 lig. — Larg., 13 pouces 2 lig.

583. Albâtre. — Coupe à pied, de forme profonde,
et dont l'extérieur est orné de *feuilles d'eau*.

Haut., 6 pouces 1 lig.

584. Bronze. — Deux demi-figures montées en gaîne, et qui ont servi de support dans l'ajustement d'un meuble (travail moderne).

Haut., 5 pouces.

585. Bronze. — Sceau d'un ancien évêque.

Haut., 1 pouce 11 lig.

586. Onyx d'Allemagne, camée. — Tête imberbe et diadémée, tournée à droite. Monture moderne en bague de bas or.

Haut., 9 lig.

587. Cornaline, intaille. — Fragment représentant une femme à demi nue, et tenant un rameau.

Haut., 8 lig.

588. Bronze repoussé. — Médaillon représentant la Sainte-Vierge, vue de profil.

Diamètre, 4 pouces.

589. Verre. — Quatre pièces antiques, dont deux masques, une grappe de raisin, etc.

Haut. moyenne, 9 lig.

590. Jade. — Coupe à anse et taillée à *festons*. Cette coupe est brisée en deux.

Diamètre, 4 pouces 2 lig.

591. Cornaline. — Coupe de forme ovale et sans anse.

Grand diamètre, 6 pouces 5 lig.

592. Porphyre rouge. — Débris provenant d'une colonne.

Haut., 1 pied 8 pouces.

593. Un grand jonc.

Haut., 4 pieds.

594. Sept lances.

Haut. moyenne, 1 pied.

595. Quatre boucliers en peaux de crocodile et d'hippopotame.

Haut. moyenne, 20 pouces.

596. Six flèches. — Un *Ouaral* empaillé.

597. Bas argent. — Douze médailles moulées sur des médailles sassanides.

598. Les objets non compris dans la présente description, seront appelés et vendus sous ce numéro.

N. B. D'après un renseignement qui nous est communiqué par M. le comte de Clarac, le nombre des grands bronzes antiques, que nous ne portions qu'à vingt (p. 80, note 1), peut être augmenté de la moitié. La plupart de ces statues, découvertes à Herculanum et à Pompéii, sont conservées dans les collections du roi de Naples.

DESCRIPTION

D'UN VASE EN BRONZE TROUVÉ EN ÉGYPTE,

ET APPORTÉ EN FRANCE PAR M. MIMAUT.

La forme de ce vase est celle d'un cratère à deux anses, bordé du haut par un cercle d'oves et de *raies de cœur* surmontés d'un rang de perles détachées à jour.

Au-dessous de cet ornement, et sur un bandeau peu élevé, serpentent quatre ceps de vigne croisant leurs rameaux, et dont les pieds enlacés à la moitié de leur hauteur, se recourbent et viennent former naturellement des anses d'excellent goût.

Cette espèce de treille, d'où s'échappent des grappes régulièrement espacées, domine et recouvre avec grâce les objets suivants, qui occupent les deux faces principales du vase.

Sur le centre de l'une de ces faces sont placés, en sens contraire, deux masques élevés sur un même socle : l'un d'eux, se détachant en haut relief, est celui d'une figure juvénile, portant des oreilles de chèvre, et couronnée de lierre mêlé de corymbes ; tandis que celui qui l'accompagne, à peine saillant du fond, et modelé, en quelque sorte, comme un beau camée, offre les traits hardis et prononcés, ainsi que la barbe longue et touffue d'un bacchant.

Aux côtés de ce groupe s'inclinent deux thyrses surmontés de feuilles de lierre : les extrémités du même champ sont remplies par deux masques barbus, l'un couronné de lierre, et l'autre de branches de pin.

La disposition générale de la face opposée étant à peu près semblable à celle que nous venons de décrire, il nous suffira sans doute d'indiquer que les masques qui s'y trouvent représentés sont ceux de quatre bacchants barbus, couronnés, les uns de lierre, et les autres de pin. Nous ajouterons que l'un des thyrses dont nous avons parlé se trouve ici remplacé par le *pedum* pastoral.

Ces deux suites de masques, exécutées avec un art surprenant (1), reposent chacune sur une peau de panthère étendue sur la saillie du culot, enrichi lui-même de six belles feuilles d'acanthe, et qui forme ainsi un appui bien motivé à cette magnifique décoration.

Le piédouche qui supporte le tout est orné d'oves et de filets (2).

Ce vase, semblable par sa forme et ses détails au cratère en marbre et colossal que possède M. le comte de Warwick (3), offre dans toutes ses parties un complément de perfections que l'on peut sentir et signaler, mais que nous devons renoncer à décrire, laissant d'ailleurs, et comme il convient, à des juges irrécusables à prononcer sur l'époque plus ou moins certaine de son exécution.

Suivant une note de M. Mimaut, ce vase a été trouvé dans les ruines de Saïs, ancienne ville du Delta, située entre les branches Phermouthiaque et Canopique du Nil.

Haut., 10 pouces 1 lig. — Larg. prise à la bouche du vase, 14 pouces.

J.-J. D.

(1) **La jolie Lampe** décrite sous le n° 516, et qui représente la tête d'un jeune Satyre, est travaillée dans un genre analogue à ces masques, et ne leur cède que fort peu sous le double rapport de la finesse de caractère, et de l'art du modelé.

(2) **L'extérieur** du vase ayant été nettoyé, n'offre plus que de faibles traces de la *patine* qui le couvrait originairement. Quant à l'intérieur, auquel on n'a pas touché, il présente sur toute sa surface un oxyde vert-clair, qui se remarque très fréquemment sur les bronzes de tous les âges qu'on découvre en Égypte.

(3) **Piranesi**, *Vasi antichi*, t. II, tav. 1, 2, 3. 4.　Un vase de forme semblable décore le palier supérieur du grand escalier du Musée Royal.

TABLE DES DIVISIONS.